FACULTÉ DE DROIT DE LILLE

DROIT ROMAIN

DU

PIGNUS NOMINIS

(HYPOTHÈQUE DES CRÉANCES)

DROIT FRANÇAIS

DE

L'ÉVICTION

PAR L'EFFET DE L'ACTION HYPOTHÉCAIRE

THÈSE POUR LE DOCTORAT

présentée par

GEORGES DELEPLANQUE

AVOCAT

Lauréat de la Faculté

12, rue des Prêtres, 12

1890

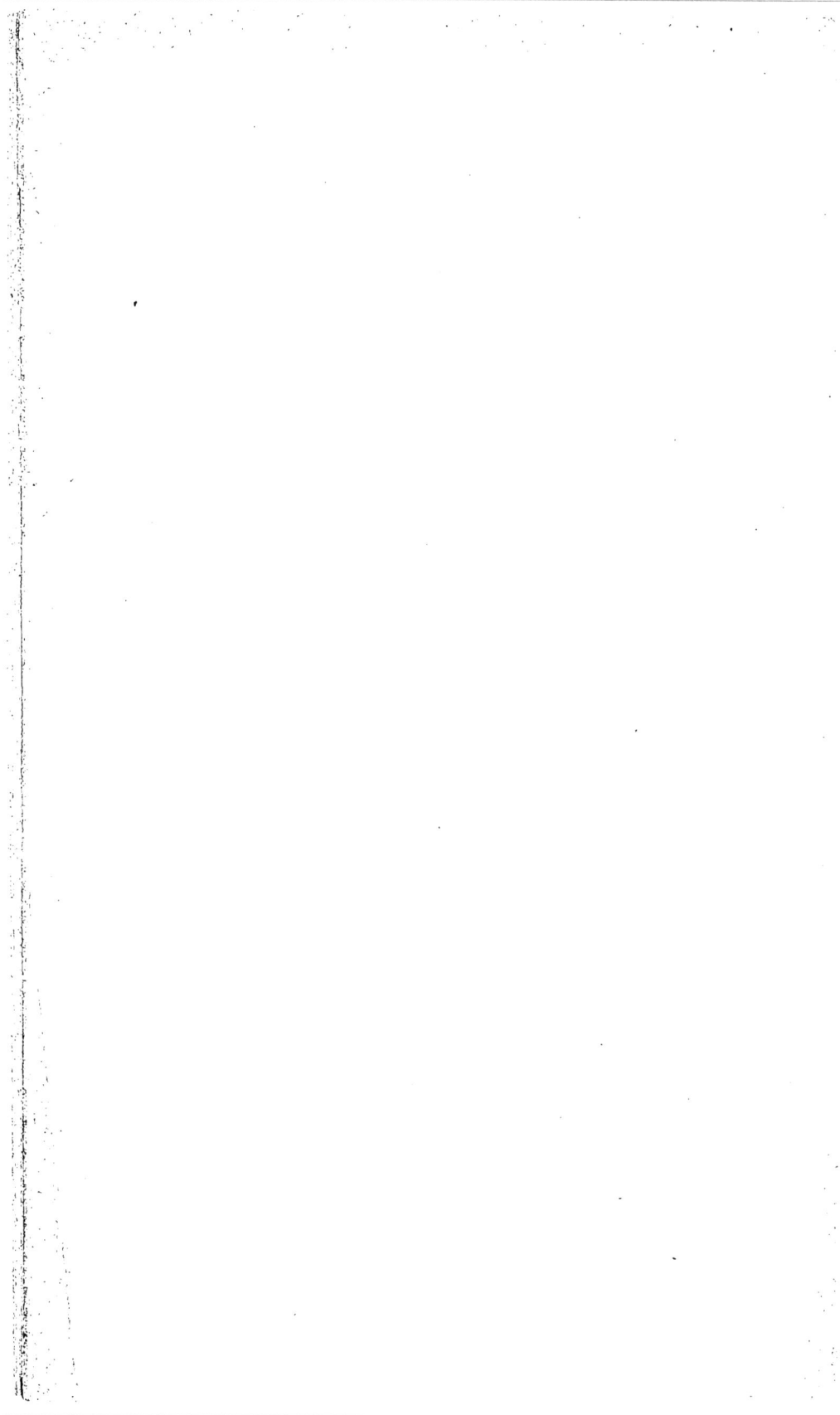

THÈSE POUR LE DOCTORAT

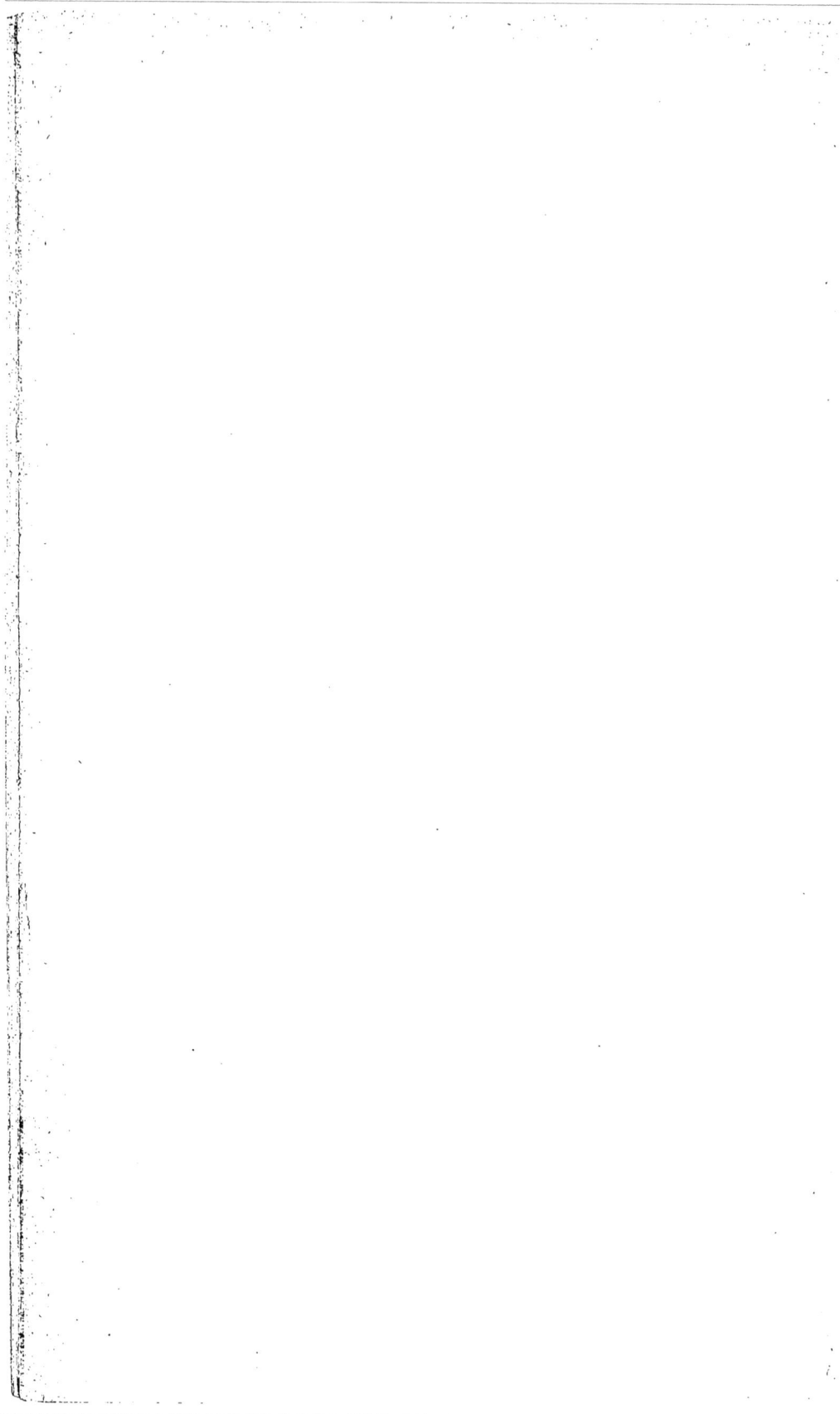

A MON PÈRE, A MA MÈRE

————

A MES PARENTS

————

A MES PROFESSEURS

————

A MES AMIS

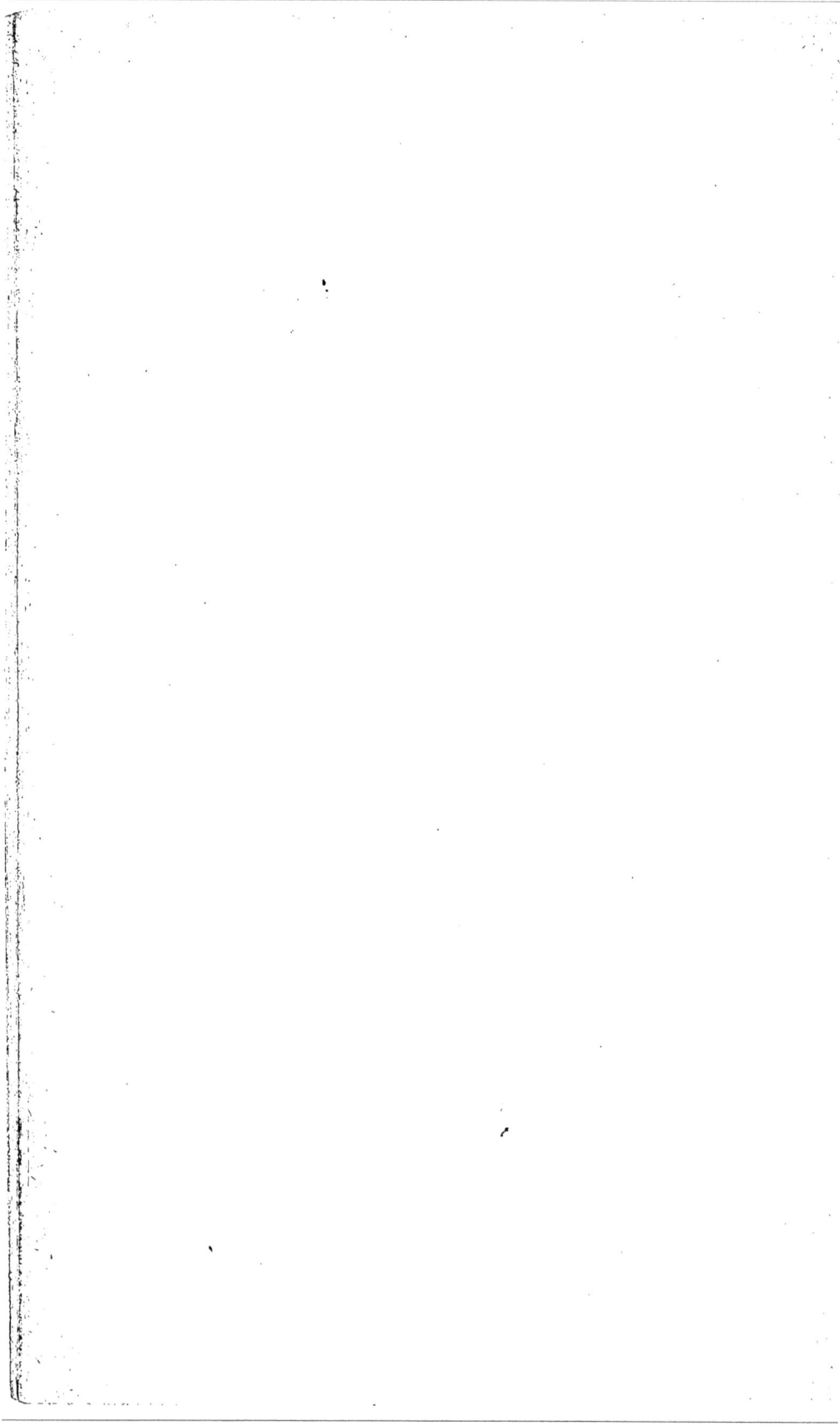

FACULTÉ DE DROIT DE LILLE

DROIT ROMAIN

DU

PIGNUS NOMINIS

(HYPOTHÈQUE DES CRÉANCES)

DROIT FRANÇAIS

DE

L'ÉVICTION

PAR L'EFFET DE L'ACTION HYPOTHÉCAIRE

THÈSE POUR LE DOCTORAT

présentée par

Georges DELEPLANQUE

AVOCAT

Lauréat de la Faculté

L'acte public sur les matières ci-après sera présenté et soutenu
le Jeudi 31 Juillet, à trois heures après-midi.

JURY D'EXAMEN :

Président : M. VALLAS, Professeur.

Suffragants :
{ M. DRUMEL, Professeur. Doyen.
M. ARTUR, Professeur.
M. JACQUEY, Agrégé.

FACULTÉ DE DROIT DE LILLE

ENSEIGNEMENT :

MM.

DRUMEL (✱, O. I. P. ✇), Doyen, Professeur de Droit romain et chargé d'un cours de Pandectes, Membre du Conseil supérieur de l'Instruction publique.

DANIEL DE FOLLEVILLE (O. I. P. ✇), Professeur de Code civil.

FÉDER (O. I. P. ✇). Professeur de Code civil et chargé d'un cours sur une matière approfondie du Droit français.

GARÇON (O. A. ✇), Professeur de Législation criminelle, chargé en outre d'un cours d'Histoire du Droit romain et du Droit français, pour le doctorat.

VALLAS (O. A. ✇), Professeur de Code civil et chargé d'un cours de Législation industrielle.

LACOUR (O. A. ✇), Professeur de Droit commercial terrestre et chargé d'un cours de Droit commercial maritime.

ARTUR (O. A. ✇), Professeur de Procédure civile et chargé d'un cours spécial pour le doctorat, sur les saisies.

BOURGUIN (O. A. ✇), Professeur de Droit administratif et chargé d'un cours de Droit constitutionnel.

MOUCHET, Professeur de Droit romain.

AUBRY, Agrégé, chargé du cours d'Économie politique et d'un cours sur la science financière.

JACQUEY, Agrégé, chargé du cours d'Histoire générale du Droit français public et privé et d'un cours de Droit des gens, pour le doctorat.

BARTIN, Agrégé, chargé du cours de Droit international privé.

ADMINISTRATION :

MM.

DRUMEL (✱, O. I. P. ✇), Doyen.

FÉDER (O. I. P. ✇), Assesseur du Doyen.

PROVANSAL (O. I. P. ✇), Secrétaire.

DROIT ROMAIN

DU PIGNUS NOMINIS

GÉNÉRALITÉS

La conception de la responsabilité chez les peuples
anciens, avait pour effet de faire retomber sur la
personne même de l'auteur, toutes les conséquences
des actes qu'il accomplissait.

L'idée qu'un bien peut répondre de l'obligation qui
grève une personne, suppose une éducation juridique
assez développée.

A l'origine, il ne venait pas à la pensée de recupérer
sur les biens le dommage que le voisin vous avait
causé, soit par son délit, soit par l'inexécution de
l'engagement pris envers vous.

« *Qui non luit in œre, luit in cute* », disaient les
vieux Romains.

Cette exécution primitive sur la personne était

probablement une conséquence indirecte et forcée de ce que presque tous les peuples, à l'origine, appliquient le régime de la propriété communiste. On n'eût pu, sans faire injustement souffrir les autres membres de la communauté, prétendre répéter sur les biens de cette dernière le dommage causé par un seul de ses membres.

A Rome l'exécution directe sur les biens ne s'est développée qu'assez tard. Sous le système formulaire lui-même, l'exercice d'une action aboutissait à une condamnation pécuniaire, et le remboursement de cette créance était assuré par une nouvelle action.

C'est le préteur qui fut le principal artisan de la réforme, par la création de la *venditio bonorum* qui permettait au *bonorum emptor* envoyé en possession d'exercer des actions utiles contre les débiteurs, et enfin par la création de l'hypothèque qui entraînait le *jus vendendi*.

Avec les idées primitives sur la responsabilité on ne pouvait prétendre se dégager des conséquences de ses engagements personnels et rendre, en une certaine façon, sa personne indépendante des poursuites du débiteur en affectant spécialement à leur objet tout ou partie de son patrimoine.

Aussi ce fut assez tard que l'hypothèque qui avait son application en Grèce (1) (Cicer. epit. ad. div. XIII, 56)

(1) Il est probable que la convention d'hypothèque, d'abord restreinte aux rapports entre le propriétaire et son fermier, fut étendue à d'autres cas, sous le patronage du préteur pérégrin, qui avait trouvé cette institution dans les provinces de la Grèce (M. Drumel, cours de Pandectes 1886-1887).

fut introduite en Italie. Sans vouloir fixer la date précise de cette introduction, on peut dire que l'hypothèque était connue des jurisconsultes romains dès le IIe siècle (1)

Mais à son début l'hypothèque ne s'appliquait qu'aux choses corporelles ; ce fut plus tard encore qu'on l'appliqua aux choses incorporelles notamment aux créances.

§ I. — APERÇU HISTORIQUE DES SURETÉS RÉELLES

Avant l'introduction de l'hypothèque, le débiteur qui voulait constituer une garantie spéciale au profit d'un créancier avait à sa disposition deux procédés moins avantageux : la mancipation fiduciaire et le *pignus*.

1° De la Fiducie

Par le premier de ces procédés, le débiteur transférait au créancier, la propriété d'un de ses biens au moyen de la *mancipatio* ou de l'*in jure cessio*, puis par un contrat de fiducie le créancier s'engageait à retransférer la propriété pour le cas où il serait payé.

Cette constitution de garantie, quoique accompagnée

(1) L'édit perpétuel d'Adrien devait contenir des dispositions sur l'hypothèque puisque les titres du Digeste relatifs à cette matière, contiennent des fragments tirés de commentaires *ad edictum* — avant la rédaction de cet édit Nératius avait écrit sur les hypothèques (L. 4 D XX, 2) et peu de temps après Gaius composa un traité de l'action hypothécaire (not^t LL. 4 et 15 D. XX. 1)

d'un pacte qui, pour ainsi dire, l'affectait d'une condition résolutoire, était plutôt une satisfaction immédiate, un paiement anticipé qu'une sûreté provisoire : Le créancier a sur un bien du débiteur, vis à vis les tiers, le plus absolu des droits ; il est seulement soumis à certaines obligations vis à vis le débiteur (Paul II, 13 § 1, 2, 3. — IV 12, § 6).

Ce dernier pourra réacquérir la propriété perdue en donnant au créancier la satisfaction qui lui était originairement due. L'aliénation est faite, en effet, *pignoris jure*, nous dit Gaius (Gaius II § 60).

Ce mode de constitution de garantie était inapplicable aux créances. La *mancipatio* et l'*in jure cessio* employées pour transférer la propriété ne pouvaient transmettre les créances. D'ailleurs à cette époque elles étaient considérées comme incessibles.

Les inconvénients de la fiducie étaient nombreux : le débiteur perdait la propriété de son bien ; il ne pouvait garantir qu'un seul créancier.

Des améliorations furent introduites dans cette théorie. La concession de la chose, par le créancier au débiteur, à titre de bail ou de précaire (Gaius II § 60) laissait au débiteur l'usage de sa chose, et la faculté de la soigner ; mais il pouvait toujours craindre une aliénation opérée par le créancier.

Ce mode de garantie était insuffisant, il disparut peu à peu et fit place au *pignus*.

2º *Du Pignus*

Le débiteur ne livre pas la propriété du gage mais la possession. Le créancier, possesseur jusqu'à parfait paiement ne peut, sous peine de *furtum usus*, se servir de la chose. Il ne peut davantage en opérer la vente sans le consentement du débiteur (Inst. § 6, IV 1 ; L. 73 D. XLVII, 2). Le débiteur peut donner en gage les choses qu'il est en voie d'usucaper et dont il n'a pas encore la propriété. Après la mise en gage, l'usucapion continue de courir à son profit.

Des progrès furent également accomplis dans la théorie du *pignus* : des interdits possessoires permirent au créancier depossédé de recouvrer la possession perdue ; la *procuratio in rem suam* consentie par le débiteur, permit au créancier d'exercer l'action en revendication au nom du constituant. Le *jus vendendi* qui exigeait à l'origine une clause expresse (Gaius Com. 2 § 64) fut d'abord réputé sous entendu, sauf convention contraire, le contrat de gage étant de bonne foi. Lorsque le droit de vendre était ainsi réputé sous entendu, à défaut d'insertion expresse dans le contrat, le créancier ne devait vendre qu'après trois significations au débiteur (Paul II. 5 § 1). (1)

Puis le droit de vendre fut toujours autorisé ; la convention exclusive de ce droit rendait seulement trois significations nécessaires (Ulpien L. 4 D. XIII. 7).

(1) Voir M. Labbé *De la Garantie*, note au bas de la page 37 et les références citées.

Le *pignus*, comportant la possession ou la quasi possession de l'objet engagé ne fut jamais applicable aux créances. Les créances, choses incorporelles, ne pouvaient en effet faire l'objet d'une possession, et il est très douteux que la quasi possession des créances ait jamais existé. (1)

Lorsque l'hypothèque fut admise par la législation romaine il s'opéra une fusion entre le gage et l'hypothèque et le créancier nanti d'un gage se trouva investi du droit de suite et du droit de préférence.

Il avait à sa disposition l'action hypothécaire, ce qui faisait dire aux jurisconsultes : *inter pignus et hypothecam tantum sonus differt* (L. 5 § 1 D. XX, 1 ; Inst. § 7 IV, 6).

Il ne faudrait cependant pas croire que le *pignus* et l'hypothèque fussent complètement assimilés. L'un et l'autre exigeaient bien le concours de deux volontés mais tandis que ce consentement suffisait à faire naître un droit réel, le droit hypothécaire, dans la convention d'hypothèque, dans le contrat de gage, contrat de droit civil, le concours des deux volontés n'avait pour effet que d'engendrer des obligations (§ 4 Inst. III, 14) — (L. 1 D. § 6 Liv. 44 ; 7) sans avoir la force de faire naître le droit de gage (L. 17 et 18 D. XX, 1). La forma-

(1) Jourdan, *De l'Hypothèque*, ch. XXX p. 276 ; Accarias-T. I., p. 518-519; Gide, ch. V *Du transport par convention*. Sect. III note 2 (*Etudes sur la novation et le transport des créances*) ; Labbé sur Machelard : « Une créance ne comporte pas à proprement parler de mise en possession » — « Nous ne pouvons même appliquer purement les règles du *pignus*, avec sa mise en possession sans aucune transmission de propriété ». (Machelard : *Dissertation de Droit Romain et de Droit français*. Appendice de M. Labbé, p. 207).

tion de ce dernier exigeait en outre une tradition. (L. 9 § 2 D. XIII, 7) : *Proprie pignus dicimus quod ad creditorem transit : hypothecam cum non transit, nec possessio ad creditorem.*

Le *pignus*, même à sa période définitive, avait toujours l'inconvénient d'exiger une concession de précaire ou un bail pour parer à l'inutilisation du gage (L. 22 § 3 ; L. 35 § 1 D. *de pigner act.* Liv. XIII. 7 — L. 6 § 4 ; L. 11 D. *de prec.* XLIII, 26), aussi vit-on bientôt s'étendre cette nouvelle sûreté réelle dont le préteur avait fait, à l'origine, une application toute spéciale : l'hypothèque.

3° De l'hypothèque

Par simple convention (L. 17 § 2 D. *de pact.* II, 14 ; L. 4 *de pignor et hyp.* D. XX. 1 ; L. 4 *de fid. instr.* D. XXII, 4) le fermier d'un fonds rural, le *colonus*, affectait à la garantie du fermage, les objets servant à la culture et apportés sur le fonds (Inst. § 7 *de act.* IV, 6). Le bailleur, sans que le fermier fut dessaisi, acquérait par cette convention un droit de préférence et de suite sur l'avoiement de la ferme. Peu de temps après, il eut même le droit de le faire vendre, sans qu'une clause expresse, nécessaire à l'origine, lui conférât ce droit (L. 12 § 10. D. XX ; 4 L. 4 C. IV, 24).

L'hypothèque, créée dans un but tout particulier, fut étendue et généralisée ; elle était un progrès sur le *pignus*. Le débiteur pouvait garder l'objet constitutif de la garantie entre ses mains. Il pouvait s'en servir ;

bien mieux, il pouvait affecter le même bien à la sûreté d'autres créanciers.

Néanmoins, le *pignus* se maintint concurremment avec l'hypothèque, surtout à cause de ses avantages pour le créancier quand la garantie portait sur des biens mobiliers.

Le droit hypothécaire, que nous avons vu naître à la suite d'un consentement échangé, est le premier exemple, en droit romain, d'un droit réel engendré par une convention.

Puisque l'hypothèque n'exige point une appréhension réelle ou fictive de l'objet, comme dans l'antique *mancipatio* ou l'*in jure cessio*, ni une *traditio* comme dans le gage, on s'en servit pour donner en garantie des biens qui n'auraient pu faire l'objet d'un gage véritable : on hypothéqua le patrimoine d'un débiteur (L. 1 pr. D. XX, 1), par conséquent les droits de créance qui s'y trouvaient compris. De là à hypothéquer les créances en particulier, le pas fut vite franchi, sans qu'il y ait eu cependant une période de formation du genre de celle des sûretés réelles.

La théorie des sûretés réelles a passé par trois étapes différentes : la fiducie, le pignus et l'hypothèque. L'affectation des créances à titre de garantie, au profit d'un créancier, n'a pas suivi la même marche. Par la nature même des choses, une créance étant un bien plus fragile qu'un objet corporel, la façon de la donner en garantie devait être différente.

La sûreté dans le *pignus nominis* doit nécessaire-

ment consister en une sorte de cession (1) de la créance
ou de ses avantages. Donc, jamais de *pignus* proprement dit, c'est-à-dire de garantie consistant en la
simple possession (2). La libre disposition des créances
était indispensable.

§ II. — Du transport des créances

Le véritable transport des créances n'exista que sous
Justinien ; il s'opérait à cette époque par la simple
convention. Avant Justinien, il existait bien des
procédés aboutissant à un résultat analogue à une

---

(1) Labbé sur Machelard, p. 207 : « Nous nous éloignons de l'hypothèque par la nécessité de procurer au créancier une saisine, une
investiture immédiate de la créance engagée, non moins que par
l'impossibilité de concevoir une action *in rem*. Nous ne pouvons même
appliquer purement les règles du *pignus* avec sa mise en possession
sans aucune transmission de propriété. Il faut que le créancier ait, et
sans retard, l'exercice entier de la créance, le droit d'exiger les
intérêts, le droit de s'opposer à tout paiement en d'autres mains que
les siennes, le droit de toucher les intérêts et de recevoir le capital dû
avant même l'échéance de la dette garantie. » (Machelard. *Dissertat.
de droit romain et de droit français*).

— Jourdan. *De l'hypothèque* (p. 282). « Qu'y a-t-il au fond de cette
hypothèque, sinon une cession. » — et plus loin : « Cet acheteur n'est
bien certainement autre chose qu'un cessionnaire. » — p. 277. « Comme
le quasi-usufruit se résout en un transfert de propriété, de même l'hypothèque des créances doit se résoudre en une *cessio pignoris causâ*. »

— Gide (*Études sur la novation et le transport des créances*), chap. V
Du transport par convention, p. 551.

— M. Drumel à son cours (Pandectes 1886-1887).

(2) Gide op. citat. Ch. V. *Du transport par convention*. « Quand le
pignus n'était qu'un droit de possession et de rétention, tout *pignus
nominis* était évidemment impossible ». P. 351, note 2.

— De même, Jourdan, p. 276. « *Quant à hypothéquer les créances...*»
loc. citat.

cession, mais il n'y avait pas là de véritable cession de créance.

A l'époque primitive, en effet, par une analyse trop subtile de l'obligation, il semblait qu'on ne pût changer l'un des deux termes d'un rapport de droit sans faire disparaître entièrement ce dernier.

Les procédés employés pour remplacer le véritable transport-cession des créances étaient la délégation et le mandat qui opéraient, l'une par la *novatio* et l'autre par la *litis contestatio*.

La Delegatio

Par la *delegatio*, le créancier qui voulait assurer à un tiers le bénéfice de sa créance, donnait ordre à ce tiers de stipuler de son débiteur, à lui déléguant, une somme égale à celle qui lui était due. Le tiers délégataire stipulait alors du débiteur délégué ce qui lui était dû par son propre débiteur.

On était ainsi dans les termes prévus par Gaius (Gaius III, 176) pour qu'il y ait une *stipulatio nova prioris debiti* (1). L'ancienne dette déduite dans le moule de la stipulation disparaissait et se trouvait remplacée par une obligation nouvelle. Il y a eu *novatio* et par l'effet de cette *novatio* un résultat analogue à un transfert. « *Præterea novatione tollitur obligatio, veluti si quod tu mihi debeas, a Titio dari stipulatus sim. Nam interventu novæ personæ nova nascitur obligatio et prima tollitur translata in posteriorem.* »

(1) Gide. Introduction II, op. citat.

La novation avait l'inconvénient d'exiger le consentement du débiteur cédé et de plus, de faire disparaître les garanties de la créance novée, puisqu'on substituait une créance nouvelle à la créance primitive.

Le mandat

Pour corriger ces inconvénients et par suite utiliser plus efficacement les créances comme moyen de crédit, on employa le mandat. Celui qui voulait donner en garantie sa créance contre son débiteur donnait mandat au bénéficiaire de la garantie de se comporter en créancier à l'égard de ce débiteur, pour le cas où il n'aurait pas lui-même, à l'échéance, reçu satisfaction. Le mandataire qui poursuivait le débiteur du mandant avait des comptes à rendre à ce dernier pour la somme touchée en excédant de sa propre créance ainsi que pour les intérêts reçus.

Le mandat avait cet avantage sur la *delegatio* de ne pas exiger le consentement du débiteur et de ne pas faire disparaître les garanties de la créance.

Il n'était pas cependant sans inconvénients. Le mandat n'opérait vraiment que par la *litis contestatio* survenue sur la poursuite du mandataire contre le débiteur, et l'efficacité de la poursuite exigeait que la créance cédée fût échue. Jusque-là le mandat était toujours révocable par le mandant. A la mort du mandant le mandat était également révoqué (1). Aussi,

(1) Just. Instit. III, tit, 26 § 9 et 10.

tant que la *litis contestatio* n'avait pas éteint d'une façon irrévocable la créance au profit du mandataire, le mandant n'ayant pas perdu la qualité de créancier pouvait continuer à poursuivre son débiteur et celui-ci pouvait se libérer valablement entre ses mains.

Pour éviter ces inconvénients, on donna au créancier cessionnaire, à l'égard du cédé, une action utile pour faire face à l'action du cédant. Enfin, on lui permit de notifier la cession au débiteur cédé et ce dernier put repousser par une exception les poursuites du créancier cédant.

Mais, comme on vient de le voir la *novatio* et la *litis contestatio* employés comme procédés de transfert opéraient par la disparition de l'ancienne obligation et la création d'une nouvelle. Ce n'était donc pas l'ancienne créance qui servait de garantie mais une créance nouvelle analogue à l'ancienne et qui venait de naître des cendres de la première. Sans vouloir aborder dès à présent la discussion sur le véritable caractère du *pignus nominis*, on peut dire que la garantie qui résulte pour le créancier de l'engagement d'un nouveau débiteur à la suite d'une *delegatio* ou d'une *procuratio*, est plutôt une garantie personnelle une *adpromissio* qu'une sûreté réelle.

En effet, le créancier avait un débiteur qui lui devait une chose déterminée; pour garantir ce paiement un nouveau débiteur vient, dans la *delegatio*, s'engager à effectuer entre ses mains le paiement d'un objet qu'il doit à une autre personne. Mais, la novation ayant opéré, cet objet n'est plus le même que celui auquel avait droit, originairement, le débiteur qui a donné sa créance en garantie. S'agit-il de la *procuratio* : un nouveau débiteur, sans avoir consenti, se trouve, à la suite des formalités judiciaires et des effets de la *litis contestatio*, sous le coup d'une nouvelle obligation qui le force à s'acquitter, au profit d'un autre, de l'engagement contracté envers le créancier originaire. Mais, cette nouvelle obligation, par suite de l'effet extinctif et créateur de la *litis contestatio*, est différente de l'obligation primitive.

La Convention

Il n'y a que la cession de créance en garantie opérée par la simple convention qui puisse être regardée comme une sûreté analogue aux sûretés réelles. Dans cette hypothèse, en effet, c'est bien l'obligation primitive elle-même, la même créance qui est cédée. Il n'est plus nécessaire que l'ancien rapport qui unissait le créancier au débiteur disparaisse pour faire place à un nouveau lien entre le même débiteur et un nouveau créancier. L'engagement du débiteur est ici isolé, considéré abstraction faite de la personne individuelle du créancier, et cet engagement peut se souder indifféremment à la personne d'un individu quelconque pour en faire un créancier.

C'est une chose, un objet véritable qui est donné en garantie et non plus comme tout à l'heure une créance nouvellement née en votre personne qui vient corroborer celle que vous aviez déjà.

On pourrait prétendre que dans le transport par la *procuratio in remsuam*, c'est la même créance qui est cédée. Le cédant donne en effet mandat à son créancier de poursuivre le recouvrement de la créance même qu'il a contre son débiteur.

On peut répondre : la *procuratio* n'opère que par la *litis contestatio* ; jusque-là le cédant reste créancier du débiteur cédé, puis après, la créance déduite en justice est éteinte et s'est transformée en une autre créance qui n'est plus celle qu'on avait mandat de recouvrer.

Même quand l'*actio utilis* a remplacé l'*actio mandata* il n'y a pas encore de véritable transport, car le cessionnaire n'est pas devenu titulaire exclusif de la créance : il n'est que le représentant du cédant. (1)

§ III. — Époque de l'introduction du *Pignus Nominis*

L'époque de l'introduction du *pignus nominis* ne saurait être précisée exactement. De la marche suivie par la théorie de l'hypothèque romaine, on peut cependant induire avec probabilité qu'elle est postérieure à l'hypothèque constituée sur la généralité d'un patrimoine. L'idée de donner en garantie une créance est en effet venue à la suite de la constitution d'une hypothèque sur un patrimoine qui, dans sa généralité, frappait les créances qu'il renfermait (L. 15 § 1 D. 20, 1).

---

(1) Jourdan p. 276, note 4.

D'ailleurs la Loi 7 C. IV, 39, nous montre que c'est là la dernière extension de l'hypothèque : *Postea quam eo decursum est ut cautiones quoque debitorum pignori darentur.*

Quoique ce soit la dernière extension de l'hypothèque, le *pignus nominis* a cependant suivi de près l'introduction de l'hypothèque à Rome. La disposition par laquelle Alexandre Sevère (L. 4 C. VII, 17) accordait les *utiles actiones* à ce créancier hypothécaire, nous montre en effet qu'avant l'année 225 cette théorie existait déjà, *jampridem*, nous dit-il en effet. (1)

---

(1) A cette époque le *pignus nominis* était à la période de début et de formation. Ce n'était pas véritablement une hypothèque, une sûreté analogue aux sûretés réelles. La période définitive, c'est-à-dire celle où l'hypothèque des créances existe avec le caractère des sûretés réelles, se place à l'époque de Justinien qui vit s'effectuer le transport des créances par simple convention.

CONDITIONS DU *PIGNUS NOMINIS*

GÉNÉRALITÉS

Le *pignus nominis,* outre les conditions générales nécessaires à la validité de toute convention, comporte des conditions exigées par toute hypothèque.

L'hypothèque est un droit accessoire, il est donc nécessaire qu'il y ait une dette à garantir (L. 10 C. IV, 24) ; elle est un acheminement vers une aliénation totale, il faut donc que la créance soit vraie et soit cédée par un créancier capable d'aliéner (L. 3 pr. D. Liv. 20 Tit. I — L. 6 C. VIII, 16). Enfin, puisque le créancier hypothécaire exerce son droit de préférence sur le prix de vente, il est nécessaire que la créance puisse être vendue (L. 9 § 1 D. 20, 1).

Or les créances attachées à la personne du créancier ne peut faire l'objet d'une cession. Telles sont les *actiones vindictam spirantes*, une créance d'aliments, l'action tendant à la constitution d'une servitude personnelle.

Il est d'autres cessions que des considérations tirées de la personne du cessionnaire, *adversarius potentior*, rendent impossibles, comme les cessions de créances au profit du tuteur contre son pupille. Ces cessions pourront cependant avoir pour objet la constitution d'une hypothèque, car le tuteur n'agit pas comme spéculateur en se faisant céder la créance, mais seulement pour se faire garantir un droit antérieur (1).

Mais il est des conditions spéciales au *pignus nominis* et qu'il importe de connaître plus particulièrement.

1° *Cession de la créance*

La garantie du créancier consiste ici en une cession de la créance.

Cette cession peut s'obtenir par la délégation, le mandat, enfin par la convention, seul mode dont nous ayons à nous occuper, car seul, en effet, il aboutit au transport d'une créance dans son identité, et comme s'il s'agissait d'un véritable objet corporel.

2° *Denuntiatio aux débiteurs cédés*

La cession est valable par le seul effet du concours des volontés du constituant et du créancier garanti. Il importe donc que le débiteur, qui n'est pas partie au contrat, ne paie pas indifféremment au nouveau titu-

(1) Jourdan p. 284.

laire de la créance ou au créancier originaire. Pour éviter que le constituant annihile la sûreté donnée en recouvrant la créance, le créancier hypothécaire avertira le débiteur cédé de ne point se libérer entre les mains de son créancier originaire, sous peine de payer deux fois. Il lui fera une *denuntiatio* qui arrêtera entre les mains du débiteur la créance engagée jusqu'à concurrence du montant de la créance garantie (L. 4 C. VIII, 17).

De cette façon le débiteur averti de cette convention intervenue entre son créancier et un tiers, *certior factus* comme nous disent les textes, devra payer sa dette jusqu'à concurrence du montant de la saisie-arrêt, entre les mains du créancier hypothécaire, sans avoir à craindre les poursuites du créancier originaire qui sera repoussé au besoin par une exception (L. 18 pr. D. XIII, 7).

Notre article 2075 C. C, comporte une certaine analogie avec cette *denuntiatio*, seulement chez nous cette notification au débiteur est imposée pour donner à la garantie une certaine publicité, tandis qu'à Rome elle n'avait d'autre but que d'informer le débiteur cédé.

Suivant les uns, cette *denuntiatio* devait avoir lieu en la forme d'un procès-verbal dressé par un officier public; suivant d'autres, la *denuntiatio* pouvait se produire judiciairement ou extra judiciairement (1).

Quelques auteurs assimilent à la *denuntiatio* la connaissance de la cession par le débiteur puisque, disent-

---

(1) M. Drumel à son cours. Pandectes (1886-1887).

ils, il résulte *a contrario* de la loi 17, D. Liv. II Tit. XV qu'il ne pouvait opposer la transaction s'il avait connu la cession.

Il ne semble pas cependant que cette opinion puisse se soutenir en face de la loi 4 citée plus haut.

Donc la notification est toujours nécessaire pour saisir arrêter la créance entre les mains du débiteur.

L'utilité de la *denuntiatio* n'était pas restreinte aux seuls rapports du créancier hypothécaire avec le débiteur cédé. Si la créance cédée était garantie par des fidéjusseurs, la *denuntiatio* qui leur était faite conservait les droits de poursuite du créancier hypothécaire à leur égard et empêchait un paiement valable entre les mains du débiteur constituant.

3° *Remise de l'instrumentum et des accessoires*

Une autre condition du *pignus nominis* est la remise au cessionnaire du titre de la créance, s'il en avait été dressé un, de l'*instrumentum*. Le constituant doit aussi remettre au créancier hypothécaire les gages et accessoires qui garantisent la créance. Les sûretés personnelles, cautions fidejussions *(sponsores, fidejussores, fidepromissores)* passent avec la créance cédée sur la tête du cessionnaire.

NATURE DU *PIGNUS NOMINIS*

Nous venons de voir à quelles conditions s'opérait l'engagement d'une créance. Pour en bien comprendre les effets il est nécessaire de connaître la nature du *pignus nominis*.

Il importe de savoir si, dans l'engagement d'une créance, il existe une affectation semblable à celle qui résulte de l'hypothèque d'un bien corporel, c'est-à-dire si le droit du titulaire du *pignus nominis* est un véritable droit d'hypothèque tel que cette expression nous le fait concevoir.

Cette question est vivement controversée et la solution en est délicate.

Si l'on s'en tient à la qualification d'hypothèque donnée par les textes (L. 4 C. Liv. VIII, Tit. 17) le *pignus nominis* comporterait une véritable affectation hypothécaire semblable à l'affectation des droits réels.

Les mots *pignus* et *hypotheca* étant indifféremment pris l'un pour l'autre, nous serions ici en face d'un véritable droit d'hypothèque. D'ailleurs les textes le prouveraient, nous dit-on. Le créancier titulaire du *pignus nominis* dispose des *actiones utiles* pour exiger le paiement du débiteur hypothécaire. Or, l'action utile n'est autre ici que l'action hypothécaire.

C'est ce que des auteurs ont prétendu en cherchant à fondre en une théorie unique l'hypothèque des choses corporelles et l'hypothèque des choses incorporelles. Le droit de créance appelé quelquefois droit personnel doit être, disent-ils, et est susceptible des mêmes démembrements que le droit réel. Ainsi, le plus complet de ces derniers, le droit de propriété peut se diviser en *jus utendi, jus fruendi, jus abutendi ;* on peut être titulaire l'un de la pleine propriété, l'autre de la nue propriété ; enfin le démembrement peut ne consister qu'en une simple affectation hypothécaire : le faisceau de droits ainsi éparpillés n'a qu'à se réunir à nouveau et le droit de propriété redeviendra complet. Le droit de créance doit également pouvoir se fractionner et comporter notamment un démembrement analogue à l'affectation hypothécaire. On doit pouvoir hypothéquer un droit de créance.

Mais que l'on appelle hypothèque la sûreté qui appartient au titulaire du *pignus nominis*, peu importe, la question est de savoir quel est au fond, ce prétendu démembrement du droit de créance.

Malgré les prétentions opposées, il est impossible d'admettre que le démembrement consiste en une simple affectation hypothécaire en tous points semblable à l'affectation hypothécaire des choses corporelles. A cause de la nature même de l'objet donné en garantie, il est impossible que le constituant conserve entièrement dans son patrimoine la créance engagée. Il ne peut en être encore le principal seigneur et maître tandis que le créancier hypothécaire n'aurait, sur la créance engagée, que le droit assez indéfini qui résulte de l'affectation hypothécaire réelle. La sûreté serait illusoire et le constituant pourrait aisément la faire disparaître. Il faut au contraire, pour que la sûreté et la garantie existent réellement, que la créance soit pour ainsi dire passée en tout ou en partie dans le patrimoine du créancier hypothécaire, il faut, en un mot, qu'il y ait eu cession. (1)

S'il en est ainsi, si le créancier hypothécaire d'une créance en est le cessionnaire, la question de savoir si le droit du créancier cessionnaire en hypothèque est un droit réel engendrant une action de cette nature ou un droit de créance spécial engendrant une action personnelle sera facilement résolue.

A priori il paraît impossible qu'un droit qui ne portait pas immédiatement et directement sur une chose, qui exigeait le fait, l'intermédiaire d'une personne pour atteindre l'objet lui-même, qu'un *jus ad rem*, un droit de créance, en un mot, puisse en se démembrant donner naissance à un droit plus complet, plus absolu

---

(1) M. Drumel à son cours.
M. Jourdan, M. Labbé, M. Gide : op. citat.

que le droit générateur lui-même dans son intégrité, que la partie soit plus grande que le tout, qu'un droit de créance engendre un droit réel.

Un contrat accessoire ne peut procurer un *jus in re* un rapport direct entre une chose et vous, un droit dans la chose, alors que le contrat principal ne vous donne qu'un *jus ad rem*, c'est-à-dire, qui ne porte sur une chose que par l'intermédiaire d'une personne.

Comme on l'a fait remarquer très-justement, « l'hypothèque est la communication à un créancier à titre de garantie d'une action réelle ou personnelle appartenant à son débiteur » (1).

Le *pignus nominis* communique donc au créancier l'action personnelle qui appartenait au débiteur lui-même.

Puisque l'opération constitutive de la garantie consiste en une cession de la créance appartenant au constituant lui-même, il ne faut pas voir dans les *utiles actiones* données au créancier cessionnaire en hypothèque (L. 4 C. 8, 17 — L. 7 C. 4, 39) l'action hypothécaire supposant au droit lui-même un caractère de réalité, mais l'action qui garantissait la créance primitive étendue *utilitatis causà*. Le débiteur avait une *actio in personam*, on accommodera une action de cette espèce pour la sûreté du créancier.

D'ailleurs, c'est une erreur de voir dans l'*actio utilis* l'action hypothécaire. Jamais cette qualification n'est

---

(1) Labbé sur Machelard, p. 202 et suivantes.

donnée à l'action hypothécaire dans son cours normal (1).

Il est intéressant cependant de voir comment des auteurs ont soutenu la réalité ou tout au moins la quasi-réalité du droit et de l'action hypothécaire dérivant du *pignus nominis*.

Le droit réel prend alors dans cette théorie une définition plus large. Il consisterait dans la faculté d'exercer un des droits quelconques faisant partie d'un patrimoine considéré *in abstracto*. Tous les droits qui le composent seraient des droits réels.

On a fait remarquer très-justement qu'il est peu de droits qui ne rentrent dans cette définition du droit réel. « Je vous constitue un usufruit sur mon fonds, voilà un droit réel, à plus forte raison, si je vous le vends... Je vous constitue une hypothèque sur ma créance, voilà un droit réel, à plus forte raison, si je vous la cède. On voit où on en arrive avec ces subtilités. » (2)

Un moyen de concilier ces difficultés, très subtil, il est vrai, a été proposé par un juriste distingué (3). L'expression « droit réel », nous dit-il, a reçu deux sens : 1° Droit exclusif à utiliser une chose corporelle ;

---

(1) Labbé sur Machelard, p. 204. « L'action quasi-servienne est utile par rapport à l'action servienne dont elle est une extension. — L'action hypothécaire donnée en dehors de ses conditions normales d'existence devient utile... Mais l'action hypothécaire dans son cours normal, n'est pas qualifiée d'utile ; elle n'est certainement jamais appelée ainsi en ce sens qu'elle serait une extension de l'action en revendication qui appartient virtuellement au débiteur. »

(2) Jourdan, p. 279.

(3) Labbé. op. citat. p. 211.

2° Droit indépendant soustrait à l'influence des actes postérieurs du constituant et conférant un avantage exclusif à la personne investie.

C'est dans le second sens qu'il faut entendre le droit appartenant au cessionnaire d'une créance *pignoris causâ*. Quand ce dernier aura fait la *denuntiatio* au débiteur cédé, il aura un droit exclusif à prélever, sur le paiement effectué, le montant de sa propre créance, malgré les actes du créancier originaire. De cette façon, on arrive à donner au titulaire du *pignus nominis* un droit réel.

Cette argumentation a le tort d'envisager le droit réel au point de vue des effets généraux qu'il produit, sans tenir compte de l'objet sur lequel il porte. Dans cette définition ne rentreraient point les droits réels acquis par l'occupation, la prescription.

De plus, si cette argumentation permet de rapprocher le *pignus rei* et le *pignus nominis* et nous autorise à les ranger tous deux dans la catégorie des droits réels, elle ne fait cependant que reculer la question sans la résoudre. Il faut, en effet, pour ne point mettre dès lors ces deux droits dans une classe identique, établir une distinction parmi les droits réels hypothé-caires. Deux hypothèques, sur deux objets de nature différente, ne peuvent se constituer par des procédés similaires. Elles ont bien un but commun : assurer à un créancier la garantie de son paiement au moyen d'un droit indépendant et procurant un avantage exclusif sur un des éléments du patrimoine. Mais pour arriver à ce but les procédés d'application diffèrent totalement.

La qualification d'hypothèque donnée au droit de celui qui a reçu une créance en garantie est la cause de toutes ces erreurs et de ces discussions.

On est en effet tenté de lui appliquer tous les caractères qui se rapportent à l'hypothèque des choses corporelles, tandis que l'hypothèque des créances a des caractères qui lui sont propres.

Le *pignus nominis* participe du *pignus* et de l'hypothèque sans pouvoir toutefois être complètement assimilé à aucune de ces deux sûretés.

La cession de créance *pignoris causâ* possède avec le *pignus* une communauté de qualification. Les rapports entre le débiteur constituant et le créancier sont sanctionnés par les actions *pigneratitia contraria et directa* étendues *utilatis causâ*. Mais à cela se borne toute ressemblance avec le gage. Le créancier est un véritable cessionnaire de la créance et pas seulement un possesseur ou un quasi possesséur (1).

Enfin le *pignus nominis* a ceci de commun avec l'hypothèque que la sûreté consiste en une affectation qui cache sous cette dénomination commune une chose différente de l'affectation des droits réels. Le résultat dans l'un et l'autre cas est également obtenu par le seul effet de la convention.

Avec ces caractères particuliers, propres au *pignus nominis*, il y aura lieu de combiner dans certaines circonstances ceux qui se rapportent à l'hypothèque ordinaire.

---

(1) Gide. Ch. V Sec. III « Dans la période où le *pignus* n'était qu'un droit de possession, tout *pignus nominis* était évidemment impossible»

Des auteurs (1) estiment, en effet, que celui qui a l'hypothèque d'une créance a hypothèque sur l'objet dû, quand c'est un corps certain : Dans le plus il y a le moins. Mais il en serait autrement si, la créance ayant pour objet une somme d'argent, le paiement avait pour objet un corps certain. Le créancier n'aurait pas hypothèque sur cet objet, car lors de la constitution il n'a pu avoir cet objet en vue.

D'autres auteurs estiment qu'il y a seulement un droit de gage au profit du titulaire du *pignus nominis*, lorsque le corps certain objet de la sûreté a été livré. (2)

Mais en quoi consiste la sûreté dans le *pignus nominis ?* Quel en est le caractère intime ?

Tout élément du patrimoine susceptible d'être cédé ou vendu, peut devenir un objet de garantie, mais les procédés d'application destinés à l'établir diffèrent, nous l'avons déjà dit, suivant la nature de l'élément choisi.

Par leur nature, nous le savons, les éléments du patrimoine peuvent se diviser en deux grandes classes: les droits réels et les droits de créance, et la manière de les donner en garantie doit différer pour chacune d'elles.

Comme le droit de créance est un bien plus fragile que le droit réel, qui, lui, est appelé à durer et ne procure d'avantages qu'autant qu'il subsiste ; qu'il ne

(1) M. Drumel, à son cours (Pandectes 1886-1887). »
Jourdan, p. 285 op.-citat. « Le créancier qui se fait concéder une hypothèque sur la créance entend avoir une hypothèque sur l'objet dû, il a demandé le droit le plus étendu » et p. 289 « l'hypothèque d'une créance emporte hypothèque sur l'objet dû. »
(2) Accarias, I n° 286 p. 699.

vit que pour disparaître et que c'est au moment où il se dissout que l'on jouit véritablement de son utilité, on comprend que celui qui sera créancier au moment où le droit de créance disparaîtra, résumera en sa personne l'utilité définitive de ce droit.

Il importe donc que celui qui a donné en garantie une créance ne puisse en recueillir l'émolument, ni la céder *jure communi* ou la faire disparaître au détriment de la personne qui l'a acceptée comme sûreté. Dès lors puisque, nous l'avons vu, toute sûreté consiste dans la communication au créancier garanti du droit de recueillir les avantages de la chose garante, il faut investir le créancier garanti du droit de recevoir au lieu et place du constituant, l'émolument de la créance.

C'est donc cette cession toute particulière qui constitue l'affectation des créances en hypothèque.

L'affectation hypothécaire dans le *pignus nominis* ne consiste pas dans cette mainmise éventuelle qui, chez le droit réel hypothécaire, tout en laissant le débiteur constituant propriétaire de l'objet hypothéqué, établit au profit du créancier bénéficiaire un droit essentiellement *sui generis*. Le créancier titulaire du *pignus nominis* est cessionnaire de la créance, et il pourra, soit la vendre dès que sa propre créance, étant échue, demeurera impayée, soit en recevoir le paiement dans la mesure de la garantie.

Puisque cette cession n'est cependant appelée qu'une affectation, on peut se demander ce qui reste au constituant et s'il n'est pas entièrement dépouillé ? La négative ne fait aucun doute, car la cession n'est que conditionnelle et partielle (1). Tout d'abord le constituant n'a pas perdu tous ses droits sur la portion de créance qui sert de garantie au créancier hypothécaire. Il reste créancier sous condition suspensive, tandis que le créancier hypothécaire est devenu cessionnaire sous la condition résolutoire qu'il ne recevra pas satisfaction du débiteur principal. C'est là le caractère typique du *pignus nominis*.

De plus le constituant reste créancier pur et simple pour la partie de sa créance qui excède le montant de la créance garantie.

Enfin, le constituant a la faculté d'affecter entièrement et successivement cette même créance à la sûreté de plusieurs de ses créanciers, par conséquent d'en faire l'objet de plusieurs cessions.

Ce sont là les caractères spéciaux du *pignus nominis*. Toutefois, à cela ne se bornent pas les traits particuliers du *pignus nominis*. Le créancier hypothécaire est cessionnaire partiel, et cependant, si sa propre créance échoit avant la créance garante, il pourra opérer la vente de cette dernière, non pas dans les seules limites de la garantie, mais pour le montant total.

Si les biens du débiteur cédé viennent à être vendus en masse, il pourra produire à la répartition de l'actif dans la mesure de la créance entière et pas seulement

(1) Gide, op. citat. p. 353 (Loi 4 C *quœ res pignorari* VIII, 17) « C'est un tranfert partiel : vous n'avez hypothèque que jusqu'à concurrence de ce que je vous dois. C'est un transfert conditionnel : vous ne pouvez exercer votre hypothèque que si je manque à mes engagements. C'est un transfert résoluble : vous perdez votre hypothèque si je viens à m'acquitter envers vous. »

pour la quotité de la garantie. Il conservera les dividendes touchés pour son compte personnel exclusivement, dans les limites toutefois de la créance garantie.

Enfin, si la créance cédée a pour objet un corps certain, le créancier de simple cessionnaire qu'il était avant le paiement devient créancier hypothécaire dès qu'on lui a fait remise de cet objet. Il le détient *pignoris loco*, nous disent les textes.

Il faut alors faire l'application des règles de l'hypothèque des choses corporelles.

Comme on le voit, la cession de créance *pignoris causâ* a des caractères tout particuliers et l'affectation qui en résulte ne ressemble que de nom à l'affectation hypothécaire réelle.

EFFETS DU *PIGNUS NOMINIS*

CHAPITRE I

Rapports entre le créancier et le constituant

Section I

Obligations à la charge du créancier hypothécaire

Pour l'exécution de ces obligations le créancier hypothécaire est tenu de l'action *pigneratitia directa*.

La première des obligations du créancier hypothécaire est de conserver l'objet engagé et, dans ce but, de le soigner en bon père de famille. Il est bien cessionnaire de la créance, mais cette cession n'a été que le procédé mis en œuvre pour constituer une garantie. Le but cherché a été la constitution d'une sûreté, et l'objet n'a été cédé que pour être restitué après paiement.

Pour pouvoir restituer la créance engagée, dès qu'il sera désintéressé, le créancier cessionnaire en hypothèque doit apporter à sa conservation toutes les diligences nécessaires. Les soins d'un bon père de famille (L. 13 § 1 et L. 14 D. 13, 7) ne peuvent consister ici en des préoccupations matérielles qui ne se comprennent pas pour une chose incorporelle. Mais un bon père de famille doit toucher une créance quand elle est échue, pour ne pas courir le hasard d'une insolvabilité ; il doit aussi en toucher les intérêts, s'il en a été convenu.

C'est ce que devra faire le créancier cessionnaire en hypothèque ; il touchera les intérêts de la créance engagée, pour les imputer, d'abord, sur les intérêts de sa propre créance, ensuite sur le capital (Const. 1 C. IV, 24). Cette imputation des intérêts peut, s'il y a une certaine disproportion entre les créances et si l'échéance est reculée, amener un résultat inattendu : il peut arriver que les intérêts accumulés éteignent la créance garantie avant son échéance par ce qu'on qu'on appelle aujourd'hui l'amortissement.

Si l'échéance de la créance hypothéquée est arrivée, les soins dont il est tenu l'obligeront à recevoir le paiement du débiteur de gré à gré, et à réclamer ce paiement en justice, dans la mesure de la cession en garantie, si le débiteur refuse. Il faut supposer que la créance du cessionnaire en hypothèque est aussi échue.

Cette dernière hypothèse soulève quelques difficultés. Le créancier cessionnaire en hypothèque ne pourrait-il, sans que sa propre créance soit échue et sans limiter ses poursuites à la mesure de la garantie, poursuivre le débiteur hypothécaire en justice dès que la dette est échue ?

On répond généralement par la négative en arguant de ce que la garantie n'a été donnée que pour le cas où le créancier ne recevrait pas satisfaction au sujet de la dette principale. D'où conclut-on, tant que cette dernière n'est pas échue, le créancier cessionnaire en hypothèque ne peut prétendre toucher le montant de la créance engagée en tout ou en partie, pour l'imputer sur sa propre créance. On se trouve alors dans cette singulière situation que personne n'a qualité pour réclamer ni recevoir le paiement d'une créance échue (1).

On objecte cependant, les textes étant muets sur la matière, que l'obligation de toucher le capital entier à l'échéance est une conséquence des soins que le créancier hypothécaire doit apporter à la garde et à la conservation de l'objet donné en garantie. Il se peut, en effet, qu'un débiteur en mesure de payer à terme échu, devienne insolvable dans la suite, ou tout au moins dissipe les deniers qu'il s'attendait à voir réclamer à une époque fixée d'avance. Et, en définitive, on ne pourra lui reprocher les conséquences de la faute du créancier qui ne s'est pas présenté au moment voulu pour toucher ce qui lui était dû.

Il faut répondre : il est en effet fâcheux qu'une créance exigible puisse se perdre faute d'avoir été touchée en temps utile, mais cette raison d'utilité

---

(1) M. Drumel, à son cours. — Jourdan, p. 281 : « Si la dette du créancier hypothécaire est échue avant la dette hypothéquée, personne n'aura d'action en présence d'une dette exigible, ni le constituant ni le créancier hypothécaire ». Il est d'ailleurs d'avis qu'on aurait peut-être pu contraindre le créancier à se libérer en consignant.

pratique ne saurait prévaloir sur les principes qui forment la base de la théorie du *pignus nominis* et qui interdisent au créancier hypothécaire de toucher à la créance cédée avant l'échéance de sa propre créance.

A un autre point de vue, il faut considérer que le débiteur a non seulement le devoir mais aussi le droit de se libérer à l'échéance. Il pourra donc se libérer en déposant. (1)

Le devoir de soigner et conserver peut mettre à la charge du créancier cessionnaire en hypothèque une nouvelle obligation. Celle-ci prend naissance lorsque le débiteur cédé devient insolvable avant l'échéance et que ses biens sont vendus en masse. Le créancier à qui on a confié la créance en garantie, doit alors produire ses titres et se faire attribuer un dividende, non seulement dans la mesure correspondant à sa propre créance, mais pour la totalité de la créance garante.

La sanction de cette obligation de conserver et de soigner la créance, consiste dans le paiement d'une indemnité au débiteur constituant par le moyen de la *pigneratitia directa*.

Ce débiteur pourra reprocher au créancier garanti la perte de la créance engagée survenue par sa faute, soit qu'il ait oublié de poursuivre à temps le débiteur, soit qu'il lui ait accordé des délais et que dans ces deux cas l'insolvabilité soit survenue.

Une autre obligation du créancier hypothécaire consiste à restituer la créance avec tous ses accessoires,

---

(1) Jourdan (loc. citat.).

telle qu'elle lui a été cédée, lorsque son propre débiteur l'aura personnellement satisfait.

La cession de la créance en gage ne devait en effet avoir de suites que dans le cas où le débiteur principal ne satisferait pas lui-même son créancier. (1)

Lorsque le débiteur principal a désintéressé lui-même son créancier, l'évènement auquel était subordonnée la cession est arrivé, et par la seule force de la loi l'arrivée de cet évènement opère juridiquement la restitution. A ce moment la créance garantie est éteinte de même que l'hypothèque (2), aucune rétrocession n'est nécessaire. Toutefois si un *instrumentum* a été confié au créancier garanti, il devra le remettre.

Cette résolution peut amener des résultats fâcheux pour le débiteur cédé. Aussi, le constituant devra, par une sorte de nouvelle *denuntiatio*, avertir le débiteur de la caducité de la cession et l'empêcher ainsi de se libérer valablement entre les mains de l'ex-cessionnaire. L'annulation rétroactive de la cession *pignoris causâ* aura encore pour effet de faire tomber tous les droits que le cessionnaire avait pu lui-même concéder sur cette créance.

Il ne faudrait pas croire qu'il n'y ait jamais lieu à restitution matérielle, même dans l'hypothèse où le

---

(1) Jourdan sans le dire d'une façon précise, semble cependant être d'avis que la cession de créance est conditionnelle. « La cession de créance, nous dit-il, n'étant consentie qu'en vue d'assurer le paiement de la créance hypothécaire dès que celle-ci est éteinte il n'est nullement besoin d'une retrocession. » Cette conséquence ne peut se produire et s'expliquer que si la cession est conditionnelle (Jourdan p. 289).

(2) Jourdan, op. cit. p. 289.

débiteur principal désintéresse personnellement le créancier.

Il faut, au contraire, envisager plusieurs cas qui peuvent se présenter.

Le créancier cessionnaire d'une créance en hypothèque doit imputer les intérêts de la créance cédée sur les intérêts de sa propre créance. Si le débiteur principal, au jour de l'échéance, paie capital et intérêts, le créancier hypothécaire devra restituer matériellement au cédant les intérêts de la créance cédée qu'il aura touchés des mains du débiteur cédé.

Plus simplement, il établira un compte de compensation pour justifier de l'emploi des intérêts touchés. Il aura pu, soit compenser les intérêts touchés avec tout ou partie des intérêts de sa propre créance, soit même amortir partie du capital de sa propre créance. Grâce à ce compte, on évitera une restitution matérielle et un paiement en partie inutile.

Il se peut encore, qu'à l'échéance, le débiteur principal soit en partie insolvable et ne désintéresse qu'incomplètement son créancier. Ce dernier, avant de restituer, devra alors précompter sur le montant de la garantie, le reliquat impayé de sa propre créance.

Le créancier hypothécaire a le *jus exigendi* contre le débiteur cédé.

Il peut aussi, s'il le préfère, user du *jus vendendi* et vendre la créance engagée. Mais doit-il opérer cette vente pour partie ou pour la totalité de la créance ?

Par analogie de ce qui se passe dans le cas où la créance n'a été hypothéquée que pour partie, il faut décider que, néanmoins, le créancier cessionnaire en hypothèque pourra vendre la créance entière, sauf à établir un compte avec le débiteur cédant pour l'excédent touché.

Cette obligation de restituer souffre une importante restriction, lorsque le débiteur hypothécaire est encore tenu d'une dette exigible (Const. un. C. *Etiam ob chirographariam.* — Liv. VIII, Tit. 27). Dans ce cas, le créancier est autorisé à conserver la créance en garantie du second paiement.

Le créancier hypothécaire qui a le droit de vendre la créance engagée pour se payer sur le prix, est tenu d'opérer cette vente de bonne foi et en bon père de famille. Il devra donc chercher à en obtenir le meilleur prix possible.

Nous venons de supposer pour toutes ces obligations incombant au créancier cessionnaire en hypothèque qu'il avait en mains un objet incorporel : la créance. Il peut arriver que la créance ait pour objet un corps certain. Le créancier hypothécaire qui en aura reçu paiement aura sur cet objet un véritable droit d'hypothèque, tel qu'il existe à l'égard des objets corporels (1) (L. 13 § 2 *in fine* D. Liv. XX, Tit. I — L. 18 pr. D. Liv. XIII, 7).

Le créancier hypothécaire après avoir été tenu des obligations particulières qui incombent au cessionnaire d'une créance *pignoris causà*, sera subsidiairement responsable des obligations du créancier à la sûreté duquel on a affecté un objet corporel quelconque.

(1) M. Drumel, à son cours — Jourdan p. 285 op. cit.

Quel est pour le créancier hypothécaire l'effet produit par la perte de l'objet engagé ?

Le créancier hypothécaire n'a pas à répondre de la perte de la créance résultant d'évènements sur lesquels on ne peut compter, *cum prævideri non potuerint* (L. 6 et 7, C. IV, 24), Il n'a pas à répondre des cas fortuits ou des évènements de force majeure. Si la créance qui lui a été donnée en garantie vient à perdre son efficacité, soit que le débiteur devienne insolvable ou disparaisse, soit que l'*instrumentum*, qui était le seul moyen de prouver la créance, ait été brûlé ou volé, le créancier n'en pourra pas moins réclamer au débiteur ce qu'il lui doit et le contraindre à payer malgré la perte de la garantie. Il ne serait repoussé qu'au cas où les parties seraient convenues que le débiteur serait libéré par la perte du gage.

On sait que le créancier hypothécaire qui n'a pas été désintéressé par son propre débiteur peut vendre la créance engagée dans son intégrité, sans attendre qu'elle soit échue (1). Le prix de vente peut être supérieur au montant de la créance garantie et le créancier hypothécaire doit alors rendre compte au constituant de l'excédant qu'il aura touché.

(1) Jourdan p. 281 et 288.

Section II

Obligations à la charge du constituant

Les diverses obligations qui lient le débiteur constituant envers le créancier hypothécaire sont sanctionnées par l'*actio pigneratitia contraria* qui ne suppose pas nécessairement la remise d'un objet matériel (1).

Tout d'abord la bonne foi est exigée dans la constitution de la garantie. Ainsi le débiteur qui *malitiose in pignore versatus sit*, par exemple parce qu'il a engagé une créance qu'il savait irrécouvrable, ce débiteur sera sous le coup des poursuites du créancier hypothécaire (L. 9 pr. D. XIII, 7). Peut-être même en argumentant par analogie de la Loi 1 § 2, D. Liv. 13, 7 qui s'occupe du cas où un débiteur a donné en gage de l'airain en disant que c'était de l'or, le débiteur pourrait-il être déclaré stellionataire pour avoir trompé sur la qualité de l'objet engagé.

Il en serait de même, si le débiteur hypothéquait une créance inexistante ou qui ne repose pas sur sa tête. On peut lui reprocher sa mauvaise foi.

Le débiteur constituant doit encore indemniser le créancier du tort que lui a causé la créance donnée en hypothèque. Le recouvrement de cette dernière peut, en effet, avoir été une source de frais : il a fallu des poursuites, plusieurs instances soit contre le débiteur

(1) Jourdan p. 284.

cédé, soit contre les *adpromissores* qui l'accompagnaient, etc. Tous ces frais pourront être répétés du débiteur qui avait hypothéqué pareille créance. Cette indemnité se paiera de la manière suivante : Si la vente ou le recouvrement de la créance produit une somme supérieure au montant de la garantie, le montant des frais sera défalqué avant de restituer. Si le produit est inférieur à la créance garantie, la *pigneratitia contraria* sera exercée contre le constituant.

Parmi les obligations dont est tenu le débiteur constituant, doit-on faire figurer la garantie de la solvabilité présente du débiteur cédé ?

Il est certain que dans la cession de créance ordinaire, le cédant ne doit garantir que l'existence de la créance : *debitorem esse præstare debet*, mais il ne devait pas garantie de la solvabilité : *locupletem esse debitorem non debet præstare* (L. 4 D. Liv. XVIII, Tit. IV).

Mais ici des auteurs prétendent que la solution ne doit pas être la même. Celui qui exige une sûreté pour le paiement de sa créance, a l'intention de faire une opération moins aléatoire que celui qui achète une créance. Quand on achète un *nomen*, dont on n'a nul besoin, c'est que l'on a intention de spéculer et que l'on ne craint pas de courir les chances d'un recouvrement. L'intention est toute différente, quand on prend dans le patrimoine de son débiteur un nouveau bien, dans le seul but d'assurer le paiement de celui qui vous est dû. On veut écarter toute chance d'insolvabilité lorsqu'on s'adjoint un second débiteur pour le cas où le premier ne paierait pas. Pour ces motifs, on décide que dans la cession de créance *pignoris causâ*, le cédant doit garantie de la solvabilité présente du débiteur cédé.

L'action *ex empto* garantit la cession ordinaire ; l'action pigniratitienne garantit la cession *pignoris causâ*.

Quoiqu'il en soit, il est certain que, même en supposant qu'il ne soit pas tenu de cette obligation de garantie, le débiteur constituant serait responsable de cette solvabilité, s'il était prouvé qu'il la connaissait lors de la constitution : il est tenu, en effet, d'être de bonne foi.

Le débiteur constituant peut avoir donné en garantie une créance inférieure à celle qu'il s'agit de garantir. Si le *nomen* garanti échoit avant le *nomen* cédé, le créancier hypothécaire pourra épuiser son recours contre le débiteur constituant en attendant l'échéance de la créance cédée en garantie. Si cette dernière échoit avant la créance principale, le créancier cessionnaire en hypothèque qui n'aura reçu à l'échéance qu'une satisfaction partielle du débiteur cédé, pourra recourir contre le constituant pour le surplus.

Si les deux créances arrivent à échéance à la même époque, le créancier hypothécaire est-il libre de choisir le débiteur qu'il veut poursuivre ?

On verra plus loin que le débiteur cédé ne jouit pas du *beneficium excussionis* qui lui permettrait de renvoyer le créancier hypothécaire à la discussion préalable des biens du débiteur principal.

D'un autre côté, le débiteur cédé n'est tenu que

pour le cas où le débiteur principal n'a pas accompli son obligation à l'échéance.

Il en résulte ceci : dès que l'échéance de la créance principale est arrivée sans que le débiteur ait payé, le débiteur cédé, si le terme est échu, peut être poursuivi le premier. La condition s'est réalisée.

CHAPITRE II

Rapports entre le créancier hypothécaire
et le débiteur cédé

Pour qu'une garantie soit efficace, il est nécessaire que le créancier à qui on l'a consentie ait à sa disposition tous les moyens pour la mettre en œuvre. Dans la sûreté spéciale qui nous occupe, le créancier hypothécaire peut réaliser sa garantie, non-seulement en exigeant directement le paiement du débiteur hypothécaire, mais encore, si cela lui convient, en vendant la créance engagée. Il se désintéressera avec les deniers du prix de vente, et, si cette dernière a produit une somme supérieure au montant de la créance garantie, il devra restituer le surplus au constituant.

SECTION 1

Droits du créancier hypothécaire

Ces droits du créancier hypothécaire sont assurés

par une action que les textes qualifient d'*actio utilis* (1)
(L. 7 C. IV, 39. — L. 20 D. XX, 1. — L. 4 C. VIII, 17).

1° De l'action utile

Qu'est-ce que cette *actio utilis* ?

La question fait partie d'une discussion de principes plus générale que nous avons vue plus haut et sur laquelle les auteurs exposent les solutions les plus opposées.

Cette théorie de la nature de l'action hypothécaire est, en effet, intimement liée à cette autre question de la nature du droit résultant pour un créancier de l'acceptation d'une créance en garantie ; et la solution découle ici de celle que nous avons donnée plus haut.

Nous avons vu que la nature même de l'objet donné en garantie exigeait une sanction différente de celle qu'exige l'affectation d'un objet corporel. Comme la créance, constituée en sûreté, ne comporte pas de possession, et que, d'autre part, à cause de la fragilité du droit de créance, il est nécessaire que le créancier garanti puisse prendre directement, et en sa qualité de cessionnaire, les mesures conservatoires contre les tentatives du créancier originaire, on comprend que l'action qui garantit le *pignus nominis* doive s'éloigner par sa nature de l'*actio Serviana utilis* pour se rapprocher de l'action d'un cessionnaire de créance.

---

(1) A l'origine, alors que la cession de créance s'opérait par le mandat, ils étaient assurés par l'*actio mandata*, et, dans le dernier état du droit par l'*actio utilis*.

D'ailleurs pour M. Labbé jamais l'épithète d'*actio utilis* n'est donnée à l'action hypothécaire dans son cours normal. (1)

Le crédit qu'un débiteur peut retirer de ses droits de créance peut résulter soit de la cession de l'exercice des droits qu'il a lui-même contre ses créanciers, soit de l'octroi de la faculté de vendre. Si donc l'action qui appartient au constituant est personnelle celle du créancier cessionnaire sera personnelle. Aussi arrive-t-on à cette conclusion que l'*actio utilis* accordée au créancier cessionnaire en hypothèque est l'action même qui appartenait au cédant étendue *utilitatis causâ* (2). D'ailleurs un texte (L. 7 C. IV, 39) nous dit que le créancier titulaire du *pignus nominis* qui agit contre le débiteur est assimilé au tiers acquéreur de la créance. Or, ce tiers acquéreur qui a acquis la créance du créancier hypothécaire lui-même, dispose d'une action utile personnelle et non pas d'une action nouvelle *in factum* fondée sur une fiction de créance en faveur de ce second cessionnaire.

Les privilèges attachés à la créance cédée ne sont-ils pas détruits à la suite de la cession ?

Non, les privilèges attachés à la créance cédée ne sont pas détruits, comme des auteurs l'ont prétendu, mais passent également au cessionnaire. Il n'y a que les privilèges attachés à la personne du cédant que le cessionnaire ne puisse invoquer.

(1) Labbé, p. 204. — (Voir plus haut page 32 note 1).
(2) Labbé (op. citat.) « L'action donnée au créancier qui a reçu une créance en garantie est une action utile imitée de l'action primitive de la créance hypothéquée ».

A l'époque formulaire, en effet, le nom du cessionnaire figurait dans l'*intentio* et la *condemnatio* de l'*actio utilis*, tandis que quand le cessionnaire agissait par l'*actio mandata*, son nom ne figurait que dans la *condemnatio* mais le nom du mandant figurait dans l'*intentio*. Or, l'*actio utilis* est certainement un progrès sur l'*actio mandata*, et puisque cette dernière conserve les accessoires de la créance, il est évident que l'*actio utilis* devait aussi les conserver, sinon, au lieu d'être un progrès, cette action en aurait été l'opposé : on aurait reculé au lieu de progresser.

2° *Jus exigendi*

Le créancier cessionnaire en hypothèque peut exiger lui-même le paiement du débiteur cédé et recevoir le montant de la créance jusqu'à concurrence de la somme pour laquelle elle lui a été donnée en garantie,

Mais les poursuites de ce créancier ne peuvent avoir lieu que si sa propre créance et la créance cédée sont échues toutes deux. Avant l'échéance de cette dernière, il ne peut agir, car une tierce convention ne saurait vous priver du bénéfice du terme. Et si la créance cédée échoit avant l'échéance de la créance garantie, on décide généralement, que le cessionnaire en hypothèque ne peut, davantage, exiger et recevoir le paiement, car ce droit n'existe pour lui que sous la condition qu'il ne recevra pas lui-même satisfaction de son propre débiteur.

Le moment étant venu d'agir, dans quelle mesure le

créancier cessionnaire en hypothèque pourra-t-il le faire contre le débiteur cédé ?

On vient de le dire plus haut : dans la mesure où le *nomen* lui a été donné en garantie.

Si la créance cédée est inférieure à sa propre créance, le cessionnaire ne pourra poursuivre le débiteur que *quatenus debet* (L. 4, C. VIII, 17).

Si elle est supérieure à la créance garantie. le créancier cessionnaire en hypothèque ne peut exiger le paiement de l'excédant (1). Toutefois, il en était autrement (ainsi que nous le verrons plus tard), si, par une clause ajoutée au *pignus*, le constituant abandonnait le montant intégral de la créance au créancier hypothécaire, pour le cas où, à l'échéance, le créancier garanti ne serait pas payé. Cette clause était ce qu'on appelait la *lex commissoria*. Autorisée à l'époque classique, elle fut prohibée par Constantin.

Il est vrai que cette réforme de la *Lex commissoria* avait en vue l'hypothèque d'une chose corporelle, mais la raison est la même si la garantie a pour objet une créance, car dans les deux cas, le débiteur, lors de la convention, doit passer sous les fourches caudines du créancier.

De ce que le créancier cessionnaire ne peut poursuivre le débiteur que *quatenus semet ipsi debetur*, il ne s'ensuit pas que la créance ne soit engagée que pour partie. Si le débiteur de la créance cédée devient insolvable, celui qui l'a reçue en garantie pourra produire

(1) L. 4 C. VIII, 17.

à la masse pour la totalité de la créance et il touchera tout le dividende qui aura été accordé à la créance entière (1).

On verra aussi plus loin qu'il peut la vendre, non pas seulement jusqu'à due concurrence, mais entièrement, sauf à rendre compte de l'excédant.

Pour la portion qui lui a été cédée en hypothèque, le créancier en est absolument maître et il peut, à son sujet, se contenter d'une satisfaction quelconque : recevoir une *datio* en paiement, en faire la remise, la compenser, en faire donation.

Quel peut être le résultat des poursuites du créancier hypothécaire ?

a) Si le débiteur ne paie pas, le créancier pourra user contre lui de toutes les voies de rigueur légales. Ses poursuites pourront avoir pour objet, en même temps que le débiteur, les *adpromissores* qui garantissent la créance : *fidejussores*, *fidepromissores*, contre lesquels il a réservé ses droits par une *denuntiatio* lors de la constitution de la garantie.

Si aucune de ses tentatives n'est couronnée de succès, le créancier a encore deux partis à prendre ; vendre la créance engagée s'il trouve acheteur, ou se retourner contre le débiteur principal qui a constitué l'hypothèque. Seulement si ce dernier peut établir que l'insuccès de l'action utile est la conséquence de la négligence ou de la faute du créancier hypothécaire, il pourra paralyser en tout ou en partie le recours de ce créancier.

(1) M. Drumel, cours de Pandectes.

b) Si le débiteur paie, ce qui est d'ailleurs l'hypothèse la plus naturelle, le paiement peut avoir pour
objet une somme d'argent ou un corps certain.

Lorsque le débiteur paie une somme d'argent, il faut
envisager trois cas différents :

1° La somme payée est de quantité égale au montant
de la créance garantie. Le créancier hypothécaire est
dans ce cas pleinement et immédiatement satisfait et
il n'a plus aucun compte à avoir avec le débiteur
constituant.

2° La somme payée est inférieure au montant de la
créance garantie. Le créancier conserve alors son
recours, contre le débiteur constituant, pour la différence entre la somme payée et celle à laquelle il a
droit.

3° La somme payée est supérieure au montant de la
créance garantie.

Le débiteur constituant est alors en droit de réclamer
au créancier l'excédant qu'il a touché et ce dernier est
responsable et sous le coup de l'action *pigneratitia
directa*.

Le créancier n'avait pas le droit d'exiger cet excédant
pas plus que le débiteur ne pouvait espérer éviter tout
recours de la part du constituant, en le payant entre
les mains du créancier cessionnaire. Aussi est-il exposé
à payer deux fois, si le recours du cédant contre le
créancier hypothécaire n'aboutit pas.

L'obligation peut avoir pour objet un corps certain
et le créancier hypothécaire pourra recevoir cet objet
des mains du créancier pour le conserver *pignoris loco*.

C'est ce que nous dit la Loi 13 § 2 D. Liv. XX, Tit. I
et la Loi 18 pr. D. XIII, 7. « *Ergo si id nomem pecunia-*
rium fuerit, exactam pecuniam tecum pensabis : si vero
corporis alicujus, id quod acceperis, erit tibi pignoris
loco. »

Quel est le droit désigné par ces mots *pignoris loco ?*

Les uns veulent qu'il n'y ait là qu'un simple droit de
rétention : si on perd la possession on ne peut plus la
recouvrer. D'autres pensent qu'il y avait là un véritable
droit de gage et d'hypothèque (1).

Les conséquences sont excessivement importantes :
que l'objet de la créance ait été payé à un créancier
quelconque de rang inférieur, ou au constituant lui-
même, le créancier hypothécaire conservera sur cet
objet un droit de suite et un droit de préférence, ce
qui n'existerait pas si, au lieu d'une hypothèque, le
créancier n'avait qu'un droit de rétention.

Cette hypothèque n'existerait pas dans le cas suivant :
si le constituant vend à un tiers la créance qu'il a déjà
hypothéquée, le débiteur peut payer à ce tiers le corps
certain, objet de la créance, sans que le créancier
hypothécaire, qui a fait la *denuntiatio* avant cette
vente, puisse invoquer une hypothèque sur cet objet.
Seulement, ce débiteur sera en butte au recours du
créancier hypothécaire qui pourra exercer le *jus*
exigendi contre lui et le faire condamner à payer deux

(1) M. Drumel, à son cours — Jourdan p. 385 « Il est bien clair que le
créancier qui se fait concéder une hypothèque sur la créance entend
aussi avoir une hypothèque sur l'objet dû : il a demandé le droit le plus
étendu. »

fois. Quant au constituant, il est sous le coup de la *pigneratitia contraria*.

Le *jus exigendi* peut être exercé par les ayant-cause du créancier hypothécaire, acheteurs ou donataires de la créance, comme par le créancier hypothécaire lui-même (L. 7 C. IV, Tit. 39). Ils sont même plus favorisés que les cessionnaires ordinaires, car, l'exception établie par l'empereur Anastase contre les acheteurs de créances litigieuses ne pourra leur être opposée (L. 22 C. IV, 35).

3° *Jus vendendi*

Le droit pour le créancier de vendre la créance hypothéquée a plusieurs utilités. On vient d'en apercevoir quelques exemples. Le créancier pourra surtout profiter de cette faculté pour éviter l'attente ou les ennuis que lui procure la poursuite du débiteur cédé.

S'il préfère toucher de l'argent dès que sa propre créance est échue, plutôt qu'attendre l'échéance de la créance qui lui a été donnée en garantie ; s'il craint les difficultés que le débiteur cédé, récalcitrant, pourra lui susciter ; s'il prévoit que ce même débiteur, dont la situation de fortune est aujourd'hui excellente, puisse devenir insolvable à l'échéance ; si enfin, à cette échéance, le débiteur hypothécaire n'est pas en mesure de le payer, mais laisse entrevoir un rétablissement plus ou moins rapproché, dans tous ces cas un moyen existe à sa portée de sauvegarder, dans la mesure du possible, ses intérêts compromis. Ce moyen, c'est la vente de la créance cédée en hypothèque. Il pourra y procéder aussitôt que sa propre créance, échue, n'aura pu être payée par le débiteur principal. Il se désintéressera alors sur le prix de vente.

Ce *jus vendendi* peut être exercé non seulement par le créancier cessionnaire en hypothèque, mais encore par son acheteur. Ce droit de vendre pour l'acheteur, de même que celui d'exiger le paiement du débiteur lui-même, résulte expressément de la Loi 7, C. IV, 39, qui lui confère une action utile, « *ordinarium visum est, post nominis venditionem utiles emptori vel ipsi creditori postulanti dandas actiones* ».

Le créancier cessionnaire en hypothèque ou son acheteur pouvaient se prévaloir de tous les accessoires de la créance. Mais le cessionnaire ne pouvait invoquer que les privilèges résultant de la qualité de la créance, et non les privilèges attachés à la personne du cédant.

De même que le cessionnaire primitif, l'acheteur de la créance hypothéquée agira sagement en faisant au débiteur cédé une notification du transfert, de façon à éviter un paiement valable entre les mains du créancier originaire.

Quelle est la nature de l'action accordée à l'acheteur d'une créance hypothéquée ?

On vient de voir que les textes lui donnent les *actiones utiles*. Cette action utile est certainement une action personnelle (1) et non pas une action nouvelle *in factum* fondée sur une fiction de créance en faveur du second

(1) Voir plus haut, p. 53.

cessionnaire. C'est l'action qui sanctionnait la créance primitive étendue *utilitatis causâ*.

Les privilèges attachés à la créance cédée ne sont pas détruits, comme des auteurs l'ont prétendu.

Le *jus vendendi* qui existe au profit du titulaire du *pignus nominis* ou de son acquéreur n'a pas les mêmes limites que le *jus exigendi*. Tandis que le créancier hypothécaire n'a le droit d'exiger le paiement du débiteur que dans la mesure de la cession en garantie, il peut, au contraire, user du *jus vendendi* sans tenir compte de cette mesure ; il peut vendre la créance cédée en totalité (1) quoiqu'elle soit supérieure à la créance garantie.

Il est, en effet, assez difficile de vendre des droits de créance, puisque leur acquisition suppose le plus souvent une spéculation. On ne doit pas augmenter ces difficultés en n'autorisant la vente que pour partie.

Seulement le créancier hypothécaire devra raison au constituant de l'excédant du prix touché dans la vente.

4° *Rapports du créancier cessionnaire en hypothèque et de son acheteur*

Il se peut que l'acheteur n'ait pas abouti dans l'exercice de son action utile contre le débiteur cédé, pourra-t-il se retourner contre le créancier hypothécaire, son vendeur ? Et dans quelle mesure ce dernier est-il tenu à garantie ?

(1) Jourdan p. 287.

Il faut pour résoudre la question combiner les règles du transport de créance avec celles de la vente d'un gage.

A. Si le créancier hypothécaire a vendu la créance qui lui a été cédée en garantie à titre de véritable et simple créancier ordinaire, il devra garantir l'existence de la créance cédée, mais non la solvabilité du débiteur. Par suite, si l'acheteur n'était pas payé parceque la créance n'existait pas, ou si le débiteur venait à le repousser efficacement par une exception, cet acquéreur pouvait se retourner contre son vendeur et agir par l'*actio ex empto* (1). C'était là le droit commun (L. 4 D. 18, 4 — L. 74, D. 21, 2) (2).

Mais le vendeur tenu à ne garantir que l'existence de la créance pouvait s'engager davantage et garantir la solvabilité présente et future.

B. Si le créancier hypothécaire vendait *jure pignoris,* c'est-à-dire, en déclarant qu'il cédait une créance à lui engagée à titre de sûreté, son obligation de garantie devait être moindre que celle d'un cédant *jure communi*, car son droit n'était pas aussi complet que celui d'un créancier pur et simple (3).

Il garantissait l'existence de son droit à lui, mais non l'existence du droit du constituant. Si la créance vendue demeurait impayée, le vendeur n'était tenu à aucune garantie, sauf celle de ses faits personnels : il devait seulement céder à son acheteur l'*actio pigneratitia* qui

(1) M. Drumel, à son cours.
(2) Labbé. De la Garantie, p. 27.
(3) Labbé. — Op. cit, p. 38.

existait à son profit contre le cédant originaire coupable d'avoir engagé une créance inexistante ou qui allait être efficacement paralysée par une exception (1).

Mais la situation du créancier hypothécaire-vendeur changeait s'il était de mauvaise foi, c'est-à-dire, s'il connaissait l'inexistence de la créance ou les exceptions qu'on y pouvait opposer. Il devait indemniser son acquéreur, car en ne le mettant pas au courant de ces vices, il se rendait coupable de dol (2).

Section II

Droits du débiteur hypothécaire

1° Vis-à-vis le cessionnaire en hypothèque

Le débiteur, dont l'engagement sert de garantie au créancier hypothécaire, n'est pas complètement à la merci de ce dernier.

---

(1) Il est intéressant de comparer ici la responsabilité dans les divers cas de cession déjà vus :

Le débiteur qui veut constituer le *pignus nominis* doit garantie de la solvabilité présente du débiteur cédé en garantie (Supra, p. 48).

Le cessionnaire de la créance, *pignoris jure*, peut la vendre. Il n'est alors tenu que de garantir l'existence de la créance c'est-à-dire l'existence du droit du constituant, s'il vend *jure communi*, et seulement l'existence de son droit à lui, s'il vend *jure pignoris* (p. 62, 63) — Toutefois le créancier hypothécaire de rang inférieur qui vendrait la créance qui lui a été cédée *jure pignoris*, serait peut-être sujet à un recours pour dol, s'il savait que la créance qu'il vendait était inefficace par suite de l'opposition à paiement faite par des créanciers préférables (p. 71).

(2) Voir p. 71.

Tout d'abord, il peut cantonner les poursuites du créancier hypothécaire dans les limites de ce qu'il doit lui-même au créancier principal : *quatenus ipse debet*, nous dit la Loi 4 au Code *quæ res pign.* Livre VIII. Titre 17.

Il pourra lui opposer certaines exceptions qu'il eût pu opposer au créancier cédant lui-même. Les exceptions qui tiennent à la nature de la créance, la paralysent indépendamment de la personne du créancier, et le débiteur pourra les opposer lors de la poursuite d'un créancier cessionnaire, comme il eût eu ce droit vis-à-vis le cédant lui-même.

Quant aux exceptions qui ont pris naissance en la personne du cédant, le débiteur ne pourra les opposer au cessionnaire si elles sont nées postérieurement à la cession et à la notification qui en a été faite.

2° *Vis-à-vis l'acheteur de la créance déjà cédée en hypothèque*

Les solutions que nous venons d'indiquer pour le créancier cessionnaire primitif, s'appliquent aux ayants-cause de ce cessionnaire, acheteurs de la créance hypothéquée. Le débiteur hypothécaire pourra leur opposer les exceptions qui tiennent à la nature de la créance et celles qui sont nées en la personne du cessionnaire avant la seconde cession et sa notification.

Nous savons que le titulaire du *pignus nominis* agit contre le débiteur par une action personnelle. Celui-ci ne peut donc se considérer comme un véritable débiteur hypothécaire tenu seulement *propter rem*. Il ne pourra donc se prévaloir du bénéfice de discussion *(beneficium excussionis)* qui est accordé aux tiers détenteurs et leur permet de renvoyer le créancier hypothécaire à la poursuite préalable de tous les débiteurs principaux ou accessoires (Nov. 4 de Justin.).

On a essayé de soutenir le contraire en invoquant une solution donnée pour un débiteur du débiteur du fisc. Lorsqu'on eût, en effet, accordé au fisc une hypothèque générale sur les biens de ceux avec qui il traitait, le fisc pouvait exercer les droits de ses débiteurs et poursuivre les débiteurs de ses débiteurs, après avoir fait constater l'insolvabilité de ces derniers. Mais c'est une solution particulière qui ne doit pas être étendue (L. 4, C. IV, 15).

On vient de voir que le débiteur ne jouit pas du *beneficium excussionis* à l'encontre du créancier (1) Mais n'arrive-t-il pas cependant au même résultat, puisqu'il doit seulement sous la condition que le débiteur principal ne paiera pas lui-même à l'échéance ?

Non, car si le débiteur cédé ne peut être poursuivi aussi longtemps qu'il n'est pas certain que le débiteur principal ne paiera pas à terme échu, il n'en sera pas moins obligé de payer dès que le débiteur principal n'aura pas satisfait à cette obligation à l'échéance. Le débiteur cédé ne peut prétendre faire discuter les biens du débiteur, il doit payer, car il est personnellement tenu et non *propter rem, in subsidium*, comme un tiers détenteur d'un immeuble hypothéqué.

(1) Jourdan, p. 286.

CHAPITRE III

Rapports entre le débiteur et le constituant

———————

L'étude des rapports entre le débiteur cédé et le constituant n'a d'intérêt véritable que lorsque le créancier cessionnaire doit recourir à sa garantie.

Lorsque le constituant a lui-même désintéressé le créancier garanti sans que ce dernier ait jamais eu à exercer de poursuites contre le débiteur cédé, la cession *pignoris causâ* se trouve résolue rétroactivement. Les rapports se trouvent rétablis entre le débiteur et le constituant tels qu'ils étaient avant la constitution de la garantie. Nous n'avons pas à nous en occuper.

Mais lorsque la garantie est mise en œuvre, la modification apportée aux rapports entre le débiteur et le constituant par suite de la constitution de la garantie, c'est-à-dire de la cession de la créance, est intéressante à étudier.

Les rapports de créancier à débiteur qui unissaient le constituant au débiteur cédé étaient, avant la cession *pignoris causâ*, soumis au droit commun. A la suite de la cession et de la *denuntiatio* qui l'a suivie, les droits du constituant sur le débiteur cédé sont modifiés en faveur du cessionnaire.

Le débiteur cédé étant obligé, sous peine de responsabilité, d'acquitter sa dette entre les mains du créancier hypothécaire, cessionnaire de la créance, il était nécessaire qu'il pût se mettre à l'abri des poursuites du créancier primitif.

Aussi, le législateur lui a accordé une exception qui paralysera l'action du constituant. S'il a été convenu, nous dit la L. 18, pr. D. Liv. 13, titre 7, que je vous donnerai en gage ma créance contre mon débiteur, le préteur devra faire respecter cette convention, en me protégeant lorsque je voudrai me faire payer, et en protégeant le débiteur de mes atteintes si j'intente contre lui des poursuites : « *Si convenerit, ut nomen* » *debitoris mei pignori tibi sit, tuenda est a prætore* » *hæc conventio : ut et te in exigendâ pecuniâ et debi-* » *torem adversus me, si cum eo experiar, tueatur* » (L. 18, pr. D. 13, 7).

Cependant, le lien qui unit le constituant au débiteur cédé subsiste après la cession *pignoris causâ*, car le constituant reste toujours créancier sous condition suspensive. Si la créance cédée en garantie est supérieure à la créance garantie, le constituant demeure, pour le surplus, créancier pur et simple du débiteur cédé et lui seul a qualité pour en exiger le paiement.

L'hypothèque porte cependant sur la totalité de la créance. Si le cessionnaire vend cette créance il la vendra en totalité ; de même il produira pour la totalité à la répartition des biens du débiteur s'ils sont vendus en masse. Si le débiteur a payé au créancier cessionnaire en hypothèque au delà de la somme qui lui était cédée en garantie, il sera responsable de ce surplus vis à vis le constituant son créancier primitif.

CHAPITRE IV

Rapports entre plusieurs créanciers d'un même individu à qui une même créance a été hypothéquée.

Nous avons vu que l'un des caractères distinctifs du *pignus nominis*, l'éloignant du gage pour le rapprocher de l'hypothèque, était qu'une même créance pouvait servir de garantie à plusieurs individus. D'où, cette particularité relative au procédé constitutif de la sûreté que la cession *pignoris causà* d'une même créance peut valablement et sans dol avoir lieu plusieurs fois au profit de personnes différentes.

Il s'agit alors de régler la préférence entre ces divers créanciers hypothécaires.

Dans le cas où un même constituant a donné en sûreté une même créance à plusieurs de ses créanciers plusieurs hypothèses sont à envisager :

1° aucun des créanciers n'a fait de notification au débiteur cédé.

Si la dette a pour objet une somme d'argent le débiteur pourra indistinctement se libérer entre les mains du créancier originaire ou de ses cessionnaires. Celui qui aura reçu le paiement, pourra le dépenser sans recours possible. Il n'en sera pas de même si c'est le cédant.

Si la dette est d'un corps certain et que le constituant en reçoive le paiement des mains de son propre débiteur, cet objet entre dans son patrimoine grevé d'une hypothèque (1) au profit de chacun des créanciers auxquels il a donné la même créance en garantie. Entre eux le conflit se réglera par la règle « *prior tempore potior jure* ».

Le créancier hypothécaire premier en rang peut aussi avoir reçu le paiement des mains du débiteur. Si la dette a pour objet de l'argent il pourra le dépenser dans la mesure de la garantie sans recours possible de la part des créanciers hypothécaires inférieurs. Si le paiement a pour objet un corps certain, ce corps certain entre dans son patrimoine *loco pignoris*, c'est-à-dire grevé d'une hypothèque à son profit et au profit du créancier hypothécaire postérieur. Seulement, étant créancier préférable et détenteur du bien il pourra en l'aliénant le purger de toute hypothèque.

Si l'objet a été remis en paiement au créancier qui n'était pas *prior tempore*, l'aliénation de l'objet reçu ne le purgeait pas des hypothèques au profit des créanciers préférables ou concurrents. Mais ce créancier *non prior tempore* pouvait vendre la créance engagée elle-

(1) Jourdan, p. 289.

même et, dans ce cas, son acquéreur pouvait valablement recevoir le paiement du débiteur, qui sera libéré,
parce que nous sommes toujours dans l'hypothèse où
aucune dénonciation n'a été faite.

2° Une *denuntiatio* a été faite au débiteur cédé par
les créanciers hypothécaires *priores tempore.*

Le créancier hypothécaire de rang inférieur qui a,
dans de pareilles conditions, vendu *jure communi* la
créance engagée, se verra en butte au recours de
son acquéreur, car ce dernier a reçu une créance
inefficace et qu'il ne peut recouvrer par suite de
l'opposition au paiement faite par les créanciers
hypothécaires préférables (1).

Mais le créancier *prior tempore* après *denuntiatio* au
débiteur cédé, peut vendre la créance engagée sans
craindre aucun recours en garantie, car son acquéreur
touchera valablement le montant de la créance qui lui
a été vendue. Les créanciers hypothécaires subsi-
diaires n'avaient aucune poursuite à exercer ni contre
le débiteur cédé ou le cédant, ni contre le nouvel
acquéreur.

3° Il peut arriver que parmi plusieurs créanciers
hypothécaires ce soit le dernier en date qui ait
dénoncé le transport au débiteur cédé. Comment régler
les conflits qui pourront s'élever entre eux ?

Suivant certains auteurs, il faut ici délaisser la règle
prior tempore potior jure, et donner la préférence au
créancier hypothécaire qui aura le premier dénoncé
la cession au débiteur cédé. Il pourra valablement

(1) Voir Labbé. *De la Garantie*, p. 38.

recevoir le paiement du débiteur cédé, lui, ainsi que ses acquéreurs subséquents.

D'autres auteurs (1) ne veulent point restreindre l'application de la maxime *prior tempore potior jure*. Malgré la priorité de la *denuntiatio* d'un créancier hypothécaire postérieur en date, le créancier hypothécaire *prior tempore* triomphera.

Le but de la *denuntiatio* n'était pas, en effet, de donner une publicité quelconque à la cession, mais d'informer le débiteur cédé qu'il n'eût pas à payer entre les mains de cessionnaires postérieurs, sauf à voir sa responsabilité engagée. La *denuntiatio* faite par créancier hypothécaire cessionnaire *non prior tempore* opérait son effet sur le débiteur cédé à l'encontre du cédant, mais non à l'encontre du cessionnaire premier en date. Le concours entre créanciers hypothécaires reste soumis à la règle *prior tempore potior jure*.

4° Vente *jure communi*, par le constituant de la créance hypothéquée.

Enfin il pouvait arriver que le débiteur qui avait déjà cédé sa créance en hypothèque la vende *jure communi* à un nouvel individu au mépris des droits du créancier cessionnaire en hypothèque. Si ce dernier a déjà fait la *denuntiatio* au débiteur cédé il n'a rien à craindre de l'acquéreur postérieur et conserve son droit d'agir contre le constituant et contre le débiteur cédé.

Toutefois, si le débiteur avait déjà payé entre les

_____

(1) M. Drumel à son cours.

mains du nouvel acquéreur et que même le paiement eut pour objet un corps certain, le créancier cessionnaire de la créance en hypothèque ne pouvait prétendre avoir une hypothèque sur cet objet (1).

Le paiement du débiteur au nouvel acquéreur antérieur à toute *denuntiatio* du créancier hypothécaire est libératoire et le créancier hypothécaire n'a dour toute ressource que d'intenter l'action *pigneratitia contraria* contre le constituant qui a annulé par son fait la garantie accordée.

(1) M. Drumel à son cours.

CHAPITRE V

Effets d'une confusion par *successio in universum jus* **entre le créancier, le débiteur constituant et le débiteur cédé.**

———————

Lorsque parmi les trois parties nécessaires à la constitution du *pignus nominis*, deux viennent à se succéder et à confondre ainsi leurs patrimoines il en résulte des situations intéressantes à étudier. ·

1re Hypothèse. — *Succession entre le créancier et le constituant*

Le résultat de cette succession est de faire disparaître par confusion le lien juridique qui réunissait le constituant au créancier. La créance garantie par l'hypothèque est éteinte (1). La créance du constituant sur le débiteur cédé existe seule désormais.

(1) Il subsistait peut être une obligation naturelle après cette confusion. Ceci était intéressant, car grâce à l'obligation naturelle qui a subsisté le créancier pourra se prévaloir de l'hypothèque qui garantissait la créance primitive. L. 59, pr. D. Liv. XXXVI. Tit. 1. (Voir Machelard. *Obligations naturelles en droit Romain*, 2e partie p. 311.)

2me Hypothèse. — *Succession entre le créancier*
et le débiteur cédé

Par suite de la confusion des patrimoines du créancier et du débiteur cédé, les rapports qui existaient entre les deux titulaires de ces patrimoines sont désormais sans objet utile et la créance donnée en garantie n'a plus aucune efficacité. La créance cédée est entrée dans le patrimoine du cessionnaire. Entre le créancier et le débiteur constituant les liens subsistent, et l'ancienne créance dont on avait voulu assurer le paiement existe désormais sans garantie.

Mais d'autre côté, par suite de cette confusion, le constituant devient créancier du créancier hypothécaire lui-même, du chef du débiteur cédé. Seulement, sur la poursuite du constituant, le créancier hypothécaire pourra lui opposer la compensation de ce qu'il doit en qualité de débiteur principal. Si le créancier hypothécaire n'a pas opposé cette exception et a effectué le paiement il aura, en supposant que l'objet payé soit un corps certain, une hypothèque sur cet objet.

Il suffit pour expliquer cette hypothèque de faire cesser un moment la confusion des deux patrimoines.

L'objet de ce paiement est supposé pris en effet dans le patrimoine du débiteur cédé et si ce débiteur cédé l'eût payé lui-même au constituant, le créancier cessionnaire en hypothèque aurait eu une hypothèque sur cet objet.

3me Hypothèse. — *Succession entre le constituant
et le débiteur cédé*

La confusion des deux patrimoines n'a pas absolument pour effet de faire disparaître la garantie, en ne laissant subsister que la créance contre le débiteur principal.

Il faut envisager deux hypothèses différentes. Si la créance hypothéquée a pour objet une somme d'argent, le créancier hypothécaire n'a plus, en réalité, de garantie, car les deniers des deux patrimoines se sont confondus.

Mais si la créance hypothécaire a pour objet un corps certain, les dettes du débiteur constituant et du débiteur cédé ne sont pas de même nature, et lorsque l'obligation du débiteur cédé vient reposer sur la tête du constituant, il subsiste, au profit du créancier garanti, une hypothèque sur l'objet dû, corps certain, qui est passé entre les mains du constituant.

DE LA *LEX COMMISSORIA*

Quand la *lex commissoria* était introduite dans un contrat de gage, elle avait pour effet de rendre le créancier propriétaire du gage, s'il n'était pas payé à l'échéance.

A priori, rien ne s'oppose à ce qu'on en fît usage dans notre convention. Appliquée au *pignus nominis*, la *lex commissoria* aurait eu pour effet de rendre le créancier cessionnaire en hypothèque, propriétaire de la créance cédée et du corps certain qui pouvait en former l'objet. (1)

Seulement la prohibition édictée par Constantin, ne devait-elle pas, dans sa généralité, comprendre le cas qui nous occupe? (L. 3 C. Liv. VIII, Tit. 35).

Comme on l'a fait remarquer, (2) les raisons qui ont fait prohiber cette clause sont plus puissantes ici que partout ailleurs. On sent moins les dangers de

(1) C'était là la clause ordinaire ; mais on pouvait également convenir que le créancier non payé à l'échéance, conserverait la chose moyennant un prix à fixer alors (L. 16 § 9 D. 20, 1).

(2) Jourdan. *De l'hypothèque*, ch. XXX, *hyp. des créances*, p. 288.

l'hypothèque que les dangers de l'aliénation, parce qu'elle ne cause pas d'amoindrissement matériel et actuel du patrimoine et n'exige pas de dessaisissement corporel. On est dès lors plus enclin à se faire illusion sur son intérêt véritable.

On pourrait cependant soutenir que la prohibition de Constantin ne comprend pas notre clause dans son application. Cette opinion paraît même très-vraisemblable lorsque la *lex commissoria* intervenait postérieurement à la constitution du gage. Lé débiteur est alors moins à la merci du créancier, qui ne peut le poursuivre ni exiger le remboursement. La garantie a été accordée et acceptée.

On prétend, toutefois, que le débiteur, pour obtenir une prorogation de délai, par exemple, est toujours à la merci du créancier.

En définitive il est probable que la prohibition de Constantin ne s'appliquait pas à la *lex commissoria* intervenue postérieurement à la convention d'hypothèque.

Quel serait l'effet de la *lex commissoria* dans le *pignus nominis ?*

L'affectation dans l'hypothèque des créances consiste dans le droit *sui generis* que possède le créancier à la suite d'une cession à effet limité de la créance garante.

L'effet de cette affectation, subordonné à la non exécution des engagements du débiteur principal, consiste dans le droit pour le créancier hypothécaire soit de se désintéresser en recevant dans la limite voulue le montant de la créance obligée et en tenant compte de l'amortissement produit par l'imputation des intérêts, soit de vendre la créance elle-même et de se désintéresser sur le prix.

Or on sait que la cession de créance *pignoris causâ* est subordonnée à la condition résolutoire que le débiteur principal ne paiera pas à l'échéance ; il faut alors combiner les effets produits par l'évènement de la condition avec les effets de la *lex commissoria*.

L'arrivée de la condition rend le créancier hypothécaire cessionnaire pur et simple dans la limite de la garantie.

La *lex commissoria* pourra le rendre propriétaire de la créance entière sans égard à la mesure de la garantie ; elle lui permettra de poursuivre le paiement intégral ou de faire remise de la dette entière au débiteur avant l'échéance, d'en faire une donation.

Mais le créancier ne pourrait garder la chose que sauf la limitation apportée par la loi au taux de l'intérêt.

Tels sont les effets que pourrait produire la *lex commissoria* si l'on admet que la prohibition de Constantin ne s'applique pas à notre matière.

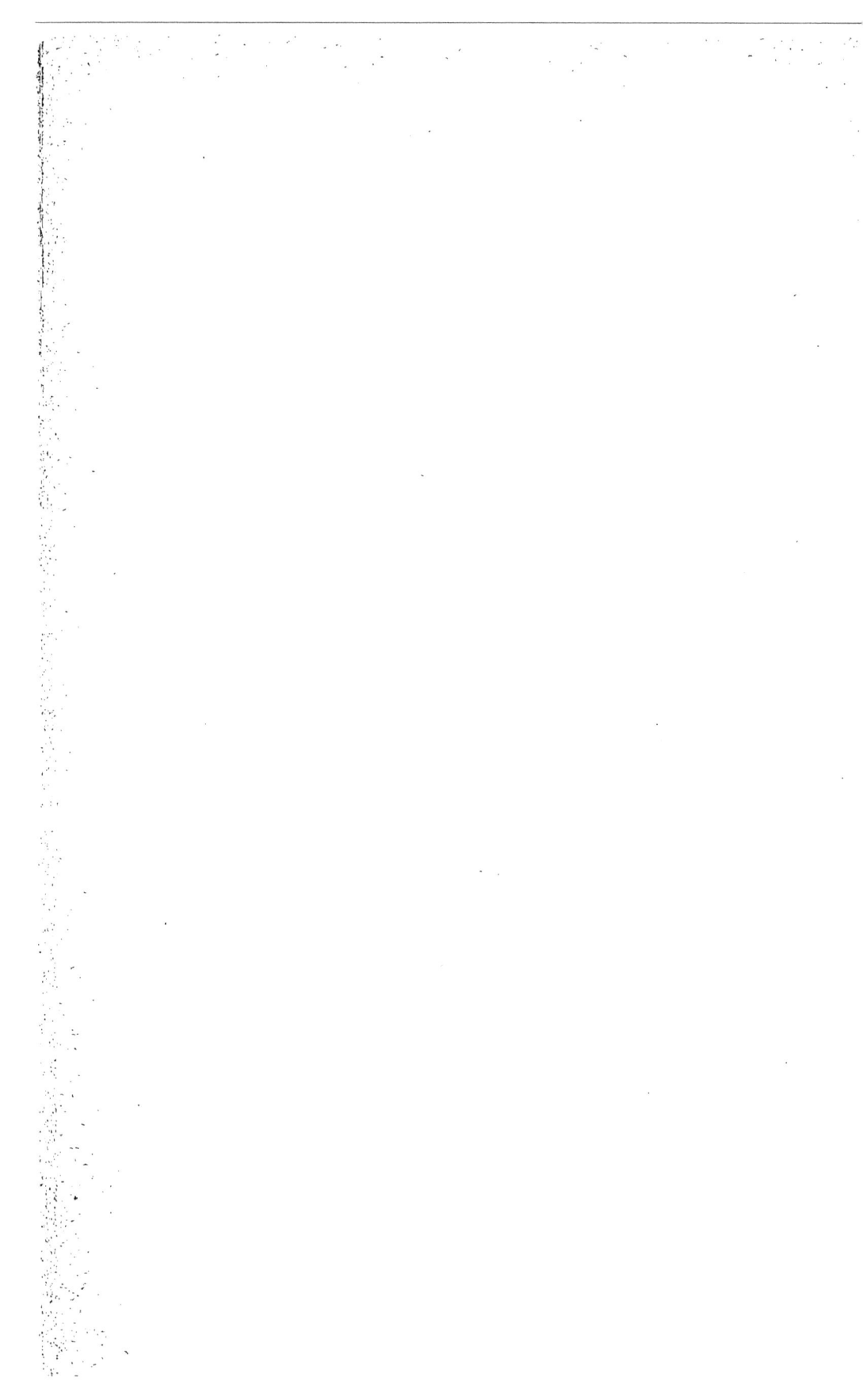

DROIT FRANÇAIS

DE L'ÉVICTION

PAR L'EFFET DE L'ACTION HYPOTHÉCAIRE

INTRODUCTION — GÉNÉRALITÉS

Parmi les avantages de l'hypothèque, il en est un dont le caractère consiste à s'attacher à l'objet de la garantie pour le suivre dans toutes ses vicissitudes (art. 2166, C.C.).

Lorsqu'un immeuble a été ainsi saisi par l'hypothèque, le propriétaire ne peut le dégager de cette étreinte en faisant sortir le bien de son patrimoine. L'immeuble prendra place parmi les biens d'un donataire ou d'un acquéreur avec son hypothèque menaçant l'éviction.

C'est cette éviction, résultant de l'exercice de l'action hypothécaire des créanciers que nous allons étudier.

6

Nous ne supposons pas que le détenteur du bien hypothéqué est personnellement obligé à la dette.

Après avoir pris connaissance des sources de l'éviction, soit qu'elle résulte de l'adjudication sur surenchère du dixième dans la purge, soit que l'adjudication sur saisie pratiquée sur le tiers détenteur lui-même ou sur un curateur lui ait donné naissance, nous étudierons les effets produits par cette éviction.

Définition de l'éviction. — L'éviction est l'abandon que le possesseur est juridiquement obligé de faire de tout ou partie du droit qu'il possède sur une chose, par suite de l'exercice d'un autre droit appartenant à un tiers.

Dalloz nous dit plus simplement : « L'éviction est le fait d'être dépouillé juridiquement d'une chose dont on est en possession ».

Nous n'étudierons que l'éviction résultant de l'exercice de l'action hypothécaire, quoique l'éviction puisse être l'effet d'une autre action. (1)

Le tiers acquéreur qui lors de la mise en vente de son immeuble se rend lui-même adjudicataire (2), ou qui désintéresse les créanciers inscrits en leur payant

---

(1) L'action résolutoire pour défaut de paiement du prix dans la vente peut, par exemple, évincer l'acquéreur de l'objet acquis.

La surenchère du 1/6 amène aussi une éviction, etc....

(2) On s'est demandé, si le tiers détenteur qui s'est laissé saisir par les créanciers hypothécaires pouvait se porter adjudicataire de son immeuble. L'article 711 code de Pr. ne permet pas, en effet, au saisi de faire porter enchère lors de la mise en vente de son immeuble. Mais les raisons qui ont dicté l'article 711 Code de Pr. n'existent pas ici, on ne saurait arguer de l'insolvabilité du tiers détenteur, que rien ne fait supposer par hypothèse, pour l'empêcher de se porter adjudicataire.

l'intégralité de leurs créances, sans égard au prix d'achat ou à la valeur de l'immeuble, subit-il une éviction ?

Il faut je crois répondre par la négative.

Le tiers acquéreur qui se rend lui-même adjudicataire lors de la mise aux enchères de son immeuble, ne subit pas, à parler strictement, d'éviction. (1)

Le jugement ne fait que confirmer son acquisition précédente. Il n'acquiert pas en vertu d'un nouveau titre, mais c'est l'ancien titre lui-même qui est consolidé par le jugement d'adjudication. (2) Jamais il n'a été dépossédé ; jamais la propriété du bien hypothéqué n'a résidé sur une autre tête que la sienne.

Si le titre d'acquisition était une donation, le tiers acquéreur reste soumis au rapport, à la réduction et à toutes les causes de révocabilité des donations (Trib. de la Seine, 11 mai 1836). Il n'y a donc pas eu d'interversion de titre par l'effet de l'adjudication.

Le tiers détenteur conserve également l'immeuble, en vertu du premier contrat, s'il acquitte volontairement toutes les dettes inscrites sur l'immeuble et que, cependant, leur montant est supérieur à celui du titre d'acquisition. Il n'y a pas là de véritable éviction.

D'ailleurs, c'est ce qu'a soin de nous dire l'article 2189 C. C., en dispensant l'acquéreur ou le donataire,

(1) Tous les auteurs ne sont pas de cet avis. Voir notamment Laurent, *Droit civil français*, t. 31, p. 291 n° 319 et p. 494 n° 543.

(2) Aubry et Rau, *Droit civil français*, t. 3, p. 534.
— Pont, *Priv. et hyp.* t. II, p. 637 n° 1391. — Raynald Petiet, *Des effets des jugements d'adjudication sur surenchère*, p. 105 n° 195 et p. 108 n° 200.

qui conserve l'immeuble mis aux enchères, en se rendant dernier enchérisseur, de faire transcrire le jugement d'adjudication.

Mais, dira-t-on, n'est-ce pas perdre de vue l'article 2191 C. C., qui accorde au tiers acquéreur qui s'est porté adjudicataire, un recours tel que de droit contre le vendeur, pour ce qui excède le prix stipulé par son titre et pour l'intérêt de cet excédant, à compter du jour de chaque paiement? S'il y a garantie, n'est-ce pas qu'il y a éviction?

Il est facile de répondre que la garantie n'est pas due seulement pour les évictions, mais aussi pour les troubles apportés dans la jouissance, qui proviennent du fait du vendeur. Celui qui est tenu à garantie doit, non-seulement réparer le préjudice causé par l'éviction, mais aussi la prévenir.

Ici, il y a menace d'éviction, il y a trouble, mais il n'y a pas éviction.

Nous reconnaissons, toutefois, que la distinction est de minime importance, et que son seul résultat est de limiter le sujet aux cas où les jugements d'adjudication sont translatifs, c'est-à-dire à la situation faite au tiers détenteur qui ne conserve pas l'immeuble hypothéqué qui lui a été transmis.

CHAPITRE I

SOURCES DE L'ÉVICTION

GÉNÉRALITÉS

Pour que l'action hypothécaire puisse être utilement exercée, il est nécessaire, sans parler des conditions de validité de l'hypothèque elle-même, que le droit de suite ait été conservé selon la loi.

Le créancier ne pourra donc utilement exercer l'action hypothécaire contre le tiers détenteur, si (pour envisager les hypothèses les plus générales), il n'a pas pris inscription, soit au jour où le tiers acquéreur fait transcrire son contrat d'acquisition, soit dans les quarante-cinq jours de la vente, ou du partage si l'inscription a pour but de conserver le privilège du vendeur ou du co-partageant, soit enfin dans le délai d'un an à partir de la cessation de la tutelle ou de la dissolution du mariage, ou dans le délai de deux mois à partir de la notification à fin de purge, il s'agit de conserver l'hypothèque légale des mineurs et des femmes mariées.

Quand le droit de suite a été conservé conformément à la loi, il est nécessaire pour qu'il y ait éviction, au sens proprement dit, que ce droit soit exercé contre un tiers, détenteur de l'immeuble hypothéqué.

On appelle l'acquéreur d'un immeuble sujet à éviction, tiers détenteur, pour le distinguer du débiteur qui a hypothéqué un de ses biens (1) pour sûreté de sa propre dette et qui est aussi un détenteur, mais personnellement obligé à la dette. Le tiers détenteur possède un immeuble qui répond de la dette; mais il est tiers vis-à-vis du créancier. Le bien qu'il possède peut être poursuivi, mais non sa personne et par répercussion son patrimoine entier. Tout au contraire, celui qui a affecté un de ses biens à la sûreté de son créancier, cumule ces deux responsabilités : il est tenu personnellement; il est aussi tenu en qualité de détenteur du bien hypothéqué.

Comme débiteur personnel, il est tenu sur tout son patrimoine, ce qui procure un avantage commun à tous ses créanciers ; comme débiteur hypothécaire, il est tenu plus spécialement sur un de ses biens.

Le créancier hypothécaire a un droit de préférence — dont l'efficacité est assurée par le droit de suite — à se désintéresser sur le prix de l'immeuble affecté spécialement à sa sûreté. A l'échéance, s'il n'est pas

---

(1) La caution réelle est également un détenteur d'immeuble hypothéqué, seulement on ne saurait l'appeler un tiers, puisque c'est elle qui a consenti l'hypothèque.

payé (art. 2167 C. C.), il a le droit de faire vendre l'immeuble qui lui a été engagé. L'expropriation qui en résulte prend le nom d'éviction, si la vente s'est poursuivie contre un tiers détenteur. Dans ce cas, les formalités sont doubles ; il faut s'adresser aux titulaires de deux patrimoines : au titulaire qui est tenu personnellement pour lui faire commandement de payer, au titulaire qui est tenu *propter rem* pour lui rappeler qu'il a dans son patrimoine un bien qui n'est pas franc et libre de toutes charges et le sommer de déguerpir (1). Trente jours après, si le commandement et la sommation n'ont produit aucun effet, le créancier poursuivra l'expropriation de l'immeuble.

Le tiers détenteur, acculé par les poursuites du créancier n'a que trois partis à prendre, dont deux, le délaissement et l'attente de la saisie améneront certainement son éviction (2), et dont le troisième, la purge, s'il n'amène pas l'éviction à coup sûr, peut cependant y conduire, si le prix offert est inférieur au montant des créances inscrites et à la valeur de l'immeuble hypothéqué.

---

(1) Le Code dit sommation de payer ou de délaisser, le créancier n'a cependant que le droit de poursuivre l'expropriation de l'immeuble hypothéqué (art. 2169 C. C.).

(2) Parce que l'on suppose que le tiers détenteur ne se portera pas adjudicataire ; par la suite il faudra également toujours supposer que le tiers détenteur qui pourrait éviter l'éviction en se portant adjudicataire ne recourt pas à ce moyen. Sauf mention expresse nous supposerons toujours que les jugements d'adjudication sont translatifs et non confirmatifs de la propriété du tiers détenteur.

Section I

DE LA PURGE

Le tiers qui a acheté un immeuble hypothéqué pour un prix sensiblement inférieur et à la valeur réelle du bien et au montant des créances inscrites, a bien des chances de se voir exproprier lorsqu'il recourt à la purge.

Tout espoir n'est cependant pas perdu, car les créanciers peuvent reculer devant la surenchère du dixième. La nécessité de la surenchère est la première faveur de la loi envers l'acquéreur qui purge, puisque celui qui refuse de faire des offres aux créanciers et se laisse saisir n'a pas cet obstacle d'une surenchère du dixième à opposer à l'expropriation.

Après avoir fait transcrire l'acte d'acquisition (art. 2181, C. C.), et sans devoir attendre la sommation des créanciers ni mettre son auteur en demeure de lui rapporter main-levée des inscriptions (1), le tiers détenteur fera aux créanciers la notification prescrite par l'article 2183, C. C.

Si déjà les créanciers, ou l'un d'eux seulement, l'ont sommé valablement de payer ou de délaisser, et si le commandement qui a du être fait au préalable au débiteur principal est resté sans effet, quoique régulier et non périmé, le tiers détenteur, touché par cette

(1) Limoges, 18 décembre 1840. S. 41, 2, 185.

première sommation n'a plus, à partir de cette époque, qu'un délai de trente jours (1) pour faire à chacun des créanciers inscrits et à leur domicile élu, les notifications prescrites par l'article 2183 C. C., à peine de perdre la faculté de purger.

Dans l'acte contenant cette notification, le tiers détenteur doit déclarer qu'il est prêt à acquitter sur le champ et jusqu'à concurrence de son prix d'achat et des charges, toutes les dettes, exigibles ou non, inscrites sur l'immeuble (art. 2184 C. C.).

Cet engagement, auquel le tiers détenteur ne peut se soustraire aussi longtemps que la présomption d'acceptation de la part des créanciers, résulte de leur silence pendant le cours du délai de quarante jours pour surenchérir (2), peut ne pas satisfaire tous les créanciers hypothécaires.

Si ces offres sont insuffisantes pour les désintéresser tous et si l'immeuble a une valeur supérieure au prix qui leur est offert, la réquisition de surenchère, émanant de l'un quelconque de ces créanciers, va mettre le tiers détenteur dans l'expectative d'une expropriation. C'est le point de départ des formalités qui vont aboutir à l'éviction.

Estimant qu'une mise en adjudication de l'immeuble hypothéqué produira des offres supérieures à celle qui vient d'être faite, le créancier requérant demandera la mise aux enchères de l'immeuble, en s'engageant à

---

(1) A cause du calendrier républicain en vigueur lors de la publication du Code Civil, Grenier, (II, 341) veut que le délai soit d'un mois et se calcule de quantième à quantième.

(2) Aubry et Rau. Op. citat., T. 3, p. 518, note 34.

porter le prix à un dixième en sus du prix offert par le tiers détenteur (art. 2185 C. C.).

Lorsque la réquisition de mise aux enchères a été valablement faite, le surenchérisseur ou un quelconque des créanciers qui se serait fait subroger à la poursuite conformément à l'article 883 du Code de procédure, peut poursuivre la revente de l'immeuble. Le tiers détenteur lui-même a ce droit, car il a intérêt à ne pas rester dans le *statu quo*, mais à connaître si l'éviction va l'atteindre.

Si le tiers détenteur n'arrête pas la poursuite et la revente aux enchères, en payant ou en consignant le montant de toutes les créances inscrites, l'expropriation se poursuivra conformément aux articles 836 à 838 du Code de procédure et d'après les dispositions du titre de la saisie immobilière. Le prix offert par le créancier surenchérisseur sert de première mise aux enchères (art. 2187 C. C.).

Voilà comment le tiers détenteur sera exproprié ; comment la purge, par cette éventualité d'une surenchère du dixième, peut amener l'éviction du tiers détenteur.

De tous les partis que la loi met à la disposition du tiers détenteur menacé d'expropriation, celui-ci est le plus avantageux. Il permet, quand il réussit, de conserver l'immeuble affranchi de toutes les charges hypothécaires sans cependant désintéresser tous les créanciers inscrits. Il suffit, pour conserver la propriété de l'immeuble libre et affranchie, de payer le prix d'achat ou la valeur représentative du bien.

Section II

DU DÉLAISSEMENT

Quand le tiers détenteur, désireux d'éviter l'éviction par l'effet de l'action hypothécaire, purge son acquisition des hypothèques qui la grèvent, il conserve encore l'espoir de garder la propriété de l'immeuble. Toutefois, l'éventualité d'une surenchère du dixième existe, et si elle se produit régulièrement elle mène fatalement à l'éviction, c'est ce que nous venons de voir.

Lorsque au contraire, le tiers détenteur ne tient pas particulièrement à son acquisition mais désire éviter les ennuis de la purge ou de l'expropriation dirigée sur lui-même, il a un nouveau parti à prendre, le délaissement qui mène sans remède, à l'éviction.

Le délaissement est l'abandon de la détention et de l'occupation de l'héritage fait par le tiers détenteur aux créanciers inscrits pour s'exempter de l'expropriation (1).

Cet abandon de la détention et de l'occupation n'est pas permis à tout tiers détenteur.

---

(1) Loyseau disait déjà « Pour ce qui est de l'effet principal, à savoir de l'aliénation qui peut résulter du délaissement, il faut prendre garde que celui qui délaisse l'héritage pour les hypothèques ne quitte pas absolument la propriété, mais seulement il en quitte la simple détention et occupation. »

C'est ce qui distinguait le délaissement du déguerpissement où on abandonnait la propriété à l'effet de se dégager de la rente ou de la redevance foncière assise sur le fonds.

Il est nécessaire pour délaisser que la procédure en expropriation soit commencée.

Cette faculté exige de plus la capacité d'aliéner. Le tuteur qui veut délaisser pour son pupille doit donc y être autorisé par une délibération du conseil de famille homologuée par le Tribunal (art. 457, 458 C. C.).

Le propriétaire ou celui qui a consenti l'hypothèque ne peuvent pas plus délaisser qu'ils ne peuvent purger. Si dans le contrat d'acquisition le tiers acquéreur s'est engagé envers le vendeur à payer son prix entre les mains des créanciers hypothécaires il ne pourra, en délaissant, se dérober aux poursuites de ces créanciers qui lui réclament personnellement le paiement du prix (arg^t art. 1121 C. C.). Mais il pourra délaisser si au lieu de réclamer le prix les créanciers hypothécaires lui font sommation de payer ou de délaisser; leur action n'est pas alors fondée sur la délégation qui a été faite à leur profit.

Au lieu de s'engager envers le vendeur le tiers acquéreur peut s'engager personnellement envers les créanciers au paiement du prix, soit dans l'acte d'acquisition, soit par acte postérieur. Cet engagement lui interdit de délaisser.

Le délaissement serait également interdit si l'exécution pure et simple des clauses et conditions du contrat de vente s'accordait avec l'intérêt des créanciers hypothécaires. Lorsque le prix d'acquisition est supérieur aux créances inscrites, le tiers acquéreur est obligé de payer son prix sans pouvoir rompre unilatéralement le contrat de vente.

Le délaissement, lorsqu'il est permis, peut s'effectuer même après la saisie de l'immeuble hypothéqué (art. 2173 C. C.).

Il s'opère par une déclaration faite au greffe du Tribunal de première instance de la situation de l'immeuble.

Un curateur est alors nommé à l'immeuble délaissé et c'est sur lui que sont dirigées les poursuites en expropriation (art. 2174 C. C.).

Le délaissement conduit donc infailliblement à l'expropriation. C'est un procédé moins avantageux que la purge pour le tiers détenteur, et quand l'acquéreur s'y résout, il abandonne, sans se défendre, tout espoir de garder la propriété de l'immeuble.

A un autre point de vue, le délaissement a pour effet de modifier profondément la convention intervenue entre le constituant et ses créanciers hypothécaires; il contraint ces derniers à recevoir un paiement anticipé et même partiel; il leur enlève la sûreté réelle qu'ils avaient acquise pour garantie du paiement à l'époque convenue.

On comprend dès lors que cette faculté qui aggrave la position des créanciers, soit refusée lorsque le prix d'achat est supérieur, ou au moins égal, au montant des créances hypothécaires inscrites sur l'immeuble. L'exécution pure et simple des conditions du contrat de vente évite, dans ce cas, aux créanciers hypothécaires, les aléas d'une expropriation sur saisie.

La purge a aussi pour effet d'amener de semblables modifications au contrat intervenu entre les créanciers hypothécaires et le constituant vendeur ; seulement les créanciers ne sauraient s'en plaindre. La notification de l'offre du prix à fin de purge est, en une certaine façon, l'exécution du contrat de vente ; c'est le paiement du prix. L'expropriation sur surenchère du dixième qui la suit à défaut d'acceptation, est un acte volontaire de la part des créanciers, tandis que l'expropriation sur délaissement est la conséquence forcée de la nécessité où se trouvent ces mêmes créanciers, de réaliser leur gage.

Il suit de là qu'il faut bien prendre garde que si la condition de n'être pas tenu personnellement est commune, et à la faculté de purger, et à la faculté de délaisser, les motifs en sont très-différents. Il n'y a donc à tirer d'argument d'analogie de la purge en faveur du délaissement ou vice-versa, qu'avec la plus grande prudence. (1)

Quant au tiers détenteur, évincé à la suite d'une expropriation sur surenchère du dixième, ou à la suite d'une expropriation sur délaissement, son sort est le même. On a cependant voulu mettre dans des catégories différentes, d'une part l'éviction de la purge, et d'autre part l'éviction qui résulte de l'expropriation sur délaissement ou sur saisie du tiers détenteur que nous allons étudier.

(1) Pont (*Priv. et hyp.*), t. II, p. 570.

Section III

DE LA SAISIE DU TIERS DÉTENTEUR

Lorsque le tiers détenteur oppose une inertie complète aux attaques des créanciers hypothécaires et refuse tant de leur offrir le paiement du prix de son acquisition ou de sa valeur estimative, que de délaisser, cette situation se termine par une expropriation sur saisie dirigée contre le tiers détenteur lui-même.

Trente jours après la sommation des créanciers de payer ou de délaisser (art. 2169 C. C.), et dans les quatre-vingt-dix jours au plus tard (art. 674 C. de pr.), il pourra être donné suite à la saisie contre le tiers détenteur sans que cependant le tribunal puisse prononcer contre lui des condamnations personnelles au profit des créanciers.

La vente sur saisie est alors faite suivant les formes réglées par les articles 673 et suivants du Code de procédure civile.

La saisie pratiquée contre le tiers détenteur ne le dépouille pas naturellement de la propriété de l'immeuble hypothéqué ; mais elle est le premier pas dans la route de l'expropriation. Si cette dernière se produit, il est utile que les droits des créanciers hypothécaires aient été sauvegardés, *ab initio*. On comprend dès lors qu'en cas de saisie les droits de disposition et de jouissance du tiers détenteur soient restreints ou même paralysés, s'ils ne le sont déjà dès avant cette époque.

Nous venons de voir comment les trois partis offerts au tiers détenteur pouvaient aboutir à une expropriation. Nous connaissons dès lors, d'une façon générale les sources de l'éviction ; ce qui était nécessaire pour en étudier les effets.

Toutefois, avant d'examiner les conséquences produites par cette éviction, il faut prendre parti sur cette question très controversée parmi les auteurs : Les différentes évictions ont-elles un caractère commun, et sont-elles toutes des évictions ordinaires ; ou bien faut-il mettre dans des catégories différentes, d'une part les évictions résultant des adjudications sur saisie et délaissement, qui seraient pures et simples et d'autre part, l'éviction résultant de l'adjudication sur surenchère du dixième, dont les effets remonteraient au jour de l'aliénation volontaire ?

Suivant la doctrine qui sera choisie les effets seront totalement différents.

CHAPITRE II

DU CARACTÈRE DE L'ÉVICTION

L'adjudication sur surenchère du dixième dans la purge, l'adjudication sur délaissement, enfin, l'adjudication sur saisie pratiquée contre le tiers détenteur lui-même, amènent, toutes trois l'éviction, objet de notre étude.

Il est intéressant de savoir si l'éviction possède, dans ces trois cas, le même caractère, c'est-à-dire, si le dessaisissement produit par l'adjudication s'opère toujours sans effet rétroactif.

Il existe sur la matière deux théories principales.

La majorité des auteurs professe que l'adjudication sur surenchère du dixième donne lieu à une éviction ordinaire qui laisse subsister le droit de l'acquéreur surenchéri (1).

---

(1) Flandin. *De la transcription*, nos 572 à 575.
Pont, *Priv. et hyp.*, t. II, no 1395.
Aubry et Rau, *Droit civ. fr.*, t. III § 294.
Colmet de Santerre. IX, art. 2188.
Laurent, *Droit civ. fr.*, t. 31, no 544.
Vernet. *Revue prat.* 1865, t. XX, p. 126, 147 et suiv.
Glasson. *Note sous l'arrêt de Cassat. de* 1888, D. P. 1888, 1, 337.
Labbé. *Notes sous arrêt de Cassat.*, 15 déc. 1862 et Bordeaux, 13 mars 1863 *Journal du Pal.* 1864, 71 et 469; *Revue crit.* 1861, t. XIX, p. 297 et suiv., nos 34 à 35.

7

La Cour de Cassation décide, au contraire, ainsi que plusieurs auteurs, que l'adjudication sur surenchère du dixième prononcée au profit d'un étranger, produit un effet résolutoire par suite duquel l'acquéreur évincé est à considérer comme n'ayant jamais été propriétaire (1).

La Cour n'admet plus cette résolution dans le cas où l'acquéreur surenchéri se porte adjudicataire de son immeuble (2).

Une opinion dissidente s'est greffée sur la théorie de la Cour de Cassation. Dans le but d'éviter certaines conséquences iniques de la résolution *ex tunc* des droits du tiers surenchéri, les partisans de cette opinion dissidente se refusent à regarder la résolution comme absolue, c'est-à-dire, comme se réalisant dans tous les cas.

Aux yeux de M. Mourlon, qui a émis cette opinion, la résolution est purement facultative. L'option est accordée soit à l'acquéreur, soit aux créanciers hypothécaires (3).

Il faut poser en principe, qu'il n'y a pas à distinguer entre des évictions qui se produiraient avec effet rétroactif et des évictions qui n'auraient pas ce caractère. L'éviction dans tous les cas est une éviction ordinaire.

Il est certain, en effet, que la circonstance qu'un

---

(1) Voir les arrêts et auteurs cités par M. Petiet : « Des effets des jug. d'adjud. sur surenchère », p. 123, n° 228, note 1.

(2) Cassat., 9 fév. 1881, S. 81, 1, 104.

(3) Mourlon. *Traité de la transcription*, t. I, p. 236 et suiv.

immeuble est grevé de privilèges et d'hypothèques, ne saurait empêcher la vente de cet immeuble d'être pure et simple, définitive et irrévocable. Et il est aussi certain que l'exercice de l'action hypothécaire, par les créanciers inscrits, ne peut avoir pour conséquence de contredire et de dénaturer le caractère définitif et irrévocable de la vente.

Les créanciers inscrits n'ont aucun intérêt à l'existence de l'effet résolutoire de l'adjudication sur surenchère du dixième, puisque leur droit de suite s'exerce, quel que soit le propriétaire.

L'adjudicataire n'y a pas intérêt davantage puisque, à supposer qu'on le *subroge* (1) au tiers surenchéri, dans l'intervalle couru entre la vente volontaire et l'adjudication, il ne peut, sans injustice, tirer un bénéfice de cette situation.

Quant au tiers détenteur, la résolution de son acquisition lui serait désavantageuse à plusieurs égards, et notamment, pour n'envisager ici qu'une considération générale, au point de vue du crédit dont il peut avoir besoin. Le tiers détenteur qui n'a qu'une propriété résoluble inspirera peu de confiance aux prêteurs. Qu'attendre d'une sûreté si fragile, que le titre de propriété du possesseur peut s'anéantir d'un moment à l'autre. La purge qui a été instituée par la loi, pour assurer et élargir le crédit immobilier, n'atteindrait

---

(1) Cette expression n'est pas, juridiquement, très-exacte. Elle est cependant couramment employée avec cette signification par plusieurs auteurs, parce qu'elle rend d'une façon saisissante, l'idée de ce qui s'accomplit.

pas son but. Le propriétaire d'un bien hypothéqué, ne pourra trouver à emprunter sur ce bien, si minime que soit l'importance des charges antérieures, si le prêteur a en expectative la disparition avec effet rétro-actif des droits de l'emprunteur.

D'ailleurs, l'article 2177 C. C., applicable dans ses deux paragraphes au cas de purge (1) repousse cette résolution : « Les servitudes et droits réels que le tiers détenteur avait sur l'immeuble avant sa possession renaissent après le délaissement ou après l'adjudication faite sur lui. — Ses créanciers personnels, après tous ceux qui sont inscrits sur les précédents propriétaires, exercent leur hypothèque à leur rang sur le bien délaissé ou adjugé. »

De l'aveu de tous les auteurs, de l'aveu même de la Cour de cassation, (2) l'éviction subie par le tiers détenteur au cas de délaissement ou de saisie pratiquée sur lui-même, ne résout pas son titre d'acquisition, puisque, aux termes de l'article 2177, 2° C. C., s'il reste un reliquat sur le prix d'adjudication, après le paiement des créanciers inscrits sur les précédents propriétaires, ce reliquat appartient au tiers surenchéri. Les créanciers personnels de l'évincé ont droit à cette somme d'argent.

Or, il n'y a aucune différence rationnelle à établir

___

(1) Refuser d'appliquer l'article 2177 C. C. au cas de purge, parce que le législateur a omis de répéter cette disposition dans le chapitre qui traite de la matière, c'est méconnaître la faveur que la loi accorde à l'acquéreur qui purge. Si l'article 2177 est applicable au cas de saisie et de délaissement, il doit, a fortiori, s'appliquer au cas de purge.

(2) Cass. 15 décembre 1862. S. 63, 1, 57 et la note de M. Dutruc.

entre l'éviction après délaissement ou expropriation sur saisie et l'éviction après surenchère du dixième. Il faut appliquer à tous ces cas l'article 2177 C. C.

La surenchère est l'équivalent de la saisie ; toutes deux ne sont que des procédés, des moyens de mettre en œuvre l'action hypothécaire des créanciers. Cette action ayant une même source, le privilège ou l'hypothèque ; le but cherché étant le même, le paiement de la créance par la réalisation du gage, le résultat doit être le même dans tous les cas. Peu importe que pour l'exercice du droit on ait employé tel procédé plutôt que tel autre. Le vêtement que l'on a donné à une action ne doit influer ni sur sa nature intime, ni sur les effets qu'elle produit. Comme l'a dit d'une façon aussi exacte que succincte, M. Labbé (1), la surenchère et la saisie sont deux formes sous lesquelles se traduit et s'exerce le même droit.

La conclusion s'impose : la surenchère du dixième produit les mêmes effets que la saisie ; l'une et l'autre laissent subsister les droits du tiers détenteur évincé.

Puisque le tiers surenchéri reste propriétaire pendant l'intervalle couru entre l'acquisition volontaire et l'adjudication, il y a deux transmissions de propriété, deux transcriptions et partant deux droits de mutation. Ces deux droits seront supportés par l'adjudicataire ; il paiera l'un en sa qualité d'acquéreur, et il devra rembourser l'autre à l'évincé en vertu de l'article 2188 C. C.

Si le surenchéri a droit à garantie de la part de son

---

(1) Labbé, *Revue crit.* t. VIII, p. 211 et suiv.

auteur, il doit par contre garantie à l'adjudicataire.

Le tiers surenchéri a droit à l'excédant du prix d'adjudication restant après le paiement des créanciers hypothécaires inscrits sur le vendeur.

Ce reliquat lui appartient à l'exclusion des créanciers chirographaires, soit du débiteur principal, soit de son vendeur. C'est sur ce point surtout que portent les contestations de la jurisprudence qui ne prétend appliquer cette solution qu'au cas d'expropriation sur saisie (1).

Il est propriétaire des fruits perçus, intérim, sauf l'effet d'une saisie qui pourrait intervenir.

Il est responsable de la perte et des détériorations de l'immeuble hypothéqué qui proviennent de son fait.

Les hypothèques et autres droits réels qu'il a pu consentir seront valables, comme aussi s'exerceront valablement à leur rang les privilèges et les hypothèques qui ont pu s'asseoir sur l'immeuble, de son chef, pendant la période intérimaire.

Par contre, jamais des inscriptions hypothécaires nouvelles, survenues jusqu'à la transcription de l'adjudication sur surenchère, du chef de l'aliénateur primitif, ne rendront nécessaire une seconde purge de la part de l'adjudicataire (2). Ces inscriptions sont nulles et de nul effet.

---

(1) Colmar, 22 novembre 1831, S. 32, 2, 271 ; D. P. 33, 2, 35.
Rennes, 9 décembre 1861, S. 62, 2, 220 ; D. P. 63, 1, 161.
Cass. 15 décem. 1862, S. 63, 1, 57.
Montpellier, 21 nov. 1864, S. 65, 2, 30.

(2) Voir Labbé. *De la Purge, Revue critique*, t. 19, 1861, p. 297, n° 34.

Quelles sont donc les raisons qui, dans la théorie de la résolution, permettent d'avancer que l'adjudication sur surenchère du dixième opère une éviction telle qu'elle efface, jusqu'au souvenir, l'époque où le tiers détenteur fut propriétaire ?

Comment explique-t-on, au contraire, que l'adjudication sur saisie prononcée, soit contre un curateur soit contre le tiers détenteur lui-même, n'opère pas avec une telle vigueur ; que l'action hypothécaire des créanciers, suffisante toute à l'heure pour motiver un jugement de résolution, n'aie plus d'efficacité que pour effacer dans l'avenir l'acquisition du tiers surenchéri ?

On invoque tout d'abord la tradition historique.

La condition résolutoire, jadis expresse, tacite aujourd'hui, a sa raison d'être dans les pratiques d'autrefois (1).

La purge volontaire n'a pas été de tout temps une faculté légale, nous dit M. Petiet ; pendant de longues années elle ne fut possible qu'en vertu d'une clause ajoutée à la vente. L'acquéreur stipulait alors, en même temps que le droit de faire la purge, la résolution de la vente pour le cas où les opposants exigeaient au delà du prix convenu.

« Les deux clauses, celle de purge et celle de réso-
« lution, ont donc commencé par être expresses toutes
« deux, la seconde accompagnant invariablement la
« première.... L'usage se répandit de les sous-entendre.
« Puis les lois consacrèrent l'usage » (2).

(1) Raynald Petiet. « *Des effets des jugements d'adjudication sur surenchère* ». p. 124 n° 229.

(2) Raynald Petiet, loco citat.

Seulement, comme ces deux clauses étaient d'inégale importance, la clause de purge absorba l'attention des rédacteurs du Code Civil ; le droit de purger fut accordé dans les proportions les plus larges. La seconde clause passa inaperçue et fut omise.

Toutefois, comme la clause résolutoire avait jusque là toujours été intimement liée à la clause de purge, on doit suppléer au silence du législateur, et déclarer que la condition résolutoire existe dans tout contrat d'acquisition d'un bien hypothéqué.

En dehors de ces considérations historiques, la doctrine de la résolution cherche à tirer argument des textes mêmes du Code Civil. Elle prétend trouver la preuve de la résolution rétroactive des droits du tiers surenchéri dans l'article 2188 du Code Civil.

Cet article impose à l'adjudicataire de restituer, au-delà du prix de son adjudication, à l'acquéreur ou au donataire dépossédé, les frais et loyaux coûts de leur contrat, ceux de la transcription sur les registres du conservateur, ceux de notification et ceux faits pour parvenir à la revente.

Pourquoi imposer de pareilles obligations, si le titre d'acquisition du tiers surenchéri n'est pas résolu rétroactivement ?

Si l'adjudicataire doit rembourser les frais et loyaux coûts du contrat, ceux de la transcription et de la notification, ceux faits pour parvenir à la revente, c'est que, par l'effet de son adjudication, toutes ces formalités n'ont plus aucun intérêt et ne produiront plus de conséquence utile au profit de l'acquéreur ou du donataire évincé. La propriété est passée immédiatement *omisso medio*, de la tête du vendeur sur celle de l'adjudicataire. L'adjudication annulant l'acquisition du tiers surenchéri, il n'est que juste que l'adjudicataire rembourse les frais d'actes qui, par son fait, n'ont produit aucune utilité.

C'est qu'en effet, dit-on, la situation du tiers détenteur qui purge est toute différente de celle du tiers détenteur qui délaisse ou subit l'expropriation.

L'acquéreur qui purge, loin d'attendre les poursuites des créanciers hypothécaires, ou même d'abandonner la lutte dès avant toute attaque, se prévaut de son contrat et le soumet à l'approbation des créanciers. Il leur notifie l'acquisition de l'immeuble hypothéqué, et leur en offre le prix ou la valeur estimative, en disant : Voilà mon titre d'acquisition, l'approuvez-vous et je m'engage à payer entre vos mains ce prix ou cette valeur? Si les créanciers refusent, l'un d'eux portera une surenchère, et une adjudication sera prononcée. Le tiers acquéreur n'a pas à se plaindre, l'éviction est la conséquence de ses offres à fin de purge.

Pour évincer, au contraire, le tiers détenteur qui délaisse ou attend leurs poursuites, les créanciers sont obligés de pratiquer une saisie : c'est donc qu'ils reconnaissent le titre d'acquisition, puisqu'ils ne trouvent pas d'autre moyen d'expropriation que le recours à leur droit de suite.

D'ailleurs, c'est un principe général qu'une surenchère enlève au surenchéri sa propriété dès l'origine. Quand le surenchéri est un adjudicataire ordinaire sur surenchère du sixième, on admet le principe, pourquoi refuser de l'admettre ici ! Tout individu qui acquiert alors que l'on peut surenchérir, sait que sa propriété est résoluble, affectée d'une condition résolutoire (1). Il se sait à la merci d'un surenchérisseur. Le droit commun doit donc s'appliquer : le contrat d'acquisition est résolu.

Cette doctrine, qui est celle de la jurisprudence (2) a été clairement exposée dans un arrêt de la Cour de Cassation du 15 décembre 1862 : (S. 1863, I. 57. — D. P. 1863, I. 161).

« En formant une surenchère, les créanciers, loin
» de reconnaître la propriété du tiers détenteur, s'atta-
» quent directement au titre duquel elle dérive pour
» lui ; leur action a pour but et doit avoir pour résultat
» nécessaire de le faire tomber et de lui substituer un

_____

(1) « Attendu — porte un arrêt de Cassation du 23 février 1820 — en droit que les art. 710 et 711 du Code de Procédure, soumettent les adjudications judiciaires, à une condition résolutoire lorsqu'ils admettent toute personne à surenchérir, en offrant 1/4 en sus du prix de la vente, à la charge de le faire dans les délais et les formes qu'ils prescrivent ; que cette condition résolutoire est inhérente a l'adjudication judiciaire, co-existe avec elle, et que quand elle s'accomplit les choses sont remises au même état que si l'adjudication surenchérie n'avait pas existé. »

(2) Cass. 10 avril 1848, D. P. 48, 1, 160 ; S. 48, 1, 357.
Cass. 15 décembre 1862, D. P. 63, 1, 161 ; S. 63, 1, 57.
Cass. 19 avril 1865, D. P. 65, 1, 209 ; S. 65, 1, 280.
Bordeaux, 13 mars 1863, D. P. 63, 2, 106.
Cass. 9 février, 81, S. 81, 1, 104.
Cass. 13 décemb. 1887, S. 89, 1, 473.
Cass. 1888, D. P. 88, 1, 337 ; et la note de M. Glasson.
Troplong, *Traité des privilèges et hypothèques* nos 963 et suiv.
Bioche, *Dict. de procédure*, vᵉ *Surenchère*. no 241.
Petit, *Traité des surenchères*, p. 583 et suiv.
R. Petiet, op. cit. p. 123 nos 228 et suiv.

» nouveau contrat qui fera passer sans intermédiaire
» la propriété des mains du débiteur entre les mains
» de l'adjudicataire ; le contrat primitif étant résolu,
» le tiers détenteur évincé est réputé n'avoir jamais
» été propriétaire de l'immeuble. »

On peut se demander de quel droit la jurisprudence
fait intervenir ici une condition résolutoire. La condition résolutoire n'existe que si les parties l'ont stipulée
ou si la loi l'a sous-entendue. Or, le titre en vertu
duquel le tiers détenteur a acquis la propriété, n'est
pas affecté de cette condition et la loi ne l'a pas sous-
entendue davantage. Pourquoi, dès alors, établir une
théorie dont les conséquences sont si graves sur une
base aussi fragile ?

M. Raynald Petiet, qui a défendu avec grand talent
la doctrine de la résolution, a cherché à expliquer, en
ces termes, le mécanisme de la condition résolutoire (1).

« Il est bien simple. Tant que l'acquéreur conserve
» l'immeuble sans inquiéter les créanciers, comme
» sans troubles de leur part, la condition résolutoire
» est à l'état latent. La volonté de l'acquéreur la tient
» effacée, tant qu'il n'a pas pris parti sur l'alternative
» qui s'offre à lui de tenir les créanciers étrangers à la
» mutation qui s'est opérée, ou de leur soumettre son
» titre, afin qu'ils l'examinent, et, s'il y a lieu, y
» adhèrent comme parties principales.

» Quand il se décide à leur notifier son contrat, la
» condition résolutoire est sur le point de se produire

(1) Op. citat., p. 125, n° 230.

» au jour. Elle apparaît quand les créanciers suren-
» chérissent ; elle jaillit pour ainsi dire au choc de
» deux volontés opposées, au moment où elles s'entre-
» croisent. »

Ceci revient à dire, que la condition résolutoire,
loin de naître d'un consentement, du concours de
deux volontés, est créée par la volonté ou le caprice
d'une seule partie. Il dépend d'elle de modifier
complètement les effets d'un contrat bilatéral.

Un vendeur propriétaire et un acheteur de bonne
foi ont espéré former un contrat valable. Les volontés
se sont accordées, mais après la conclusion du contrat,
des tiers viennent dire : ce contrat ne nous plaît pas,
il doit disparaître. Et alors, non-seulement le contrat
est annulé sans avoir été attaqué en nullité, mais les
créanciers en imposent un autre, assez étrange, qui se
forme on ne sait trop où ni comment, dans lequel le
vendeur originaire, le tiers acquéreur et les créanciers
sont parties et qui sacrifie entièrement les intérêts du
tiers surenchéri.

En somme, sans parler de la tradition historique, le
véritable fondement de la doctrine de la résolution est
tiré de l'article 2188 C. C. On prétend expliquer l'esprit
de cet article comme on l'a vu plus haut, puis, pour
corroborer cet argument de texte par un argument
d'équité et de raison, on ajoute : il n'est pas étonnant
que le législateur impose à l'adjudicataire sur surenchère du dixième la restitution de l'article 2188 : en
purgeant, l'acquéreur soumet son titre à l'approbation
des créanciers hypothécaires, « il manifeste implicite-

» ment son intention de remettre les choses en question,
» de débattre les conditions du contrat comme s'il
» n'existait pas » ; et le créancier hypothécaire qui
surenchérit proteste contre le titre d'acquisition du
tiers détenteur, et l'empêche de devenir définitif.

Le tiers évincé doit donc être remboursé des frais
d'un contrat résolu.

Si on déduit de la théorie de la résolution toutes les
conséquences qui en découlent logiquement, on est
amené à décider que, puisqu'il y a une seule transmission de propriété, il n'est dû de garantie que par
l'aliénateur primitif à l'adjudicataire. Il n'en est pas dû
par l'acquéreur évincé à l'adjudicataire, pas plus que
cet acquéreur évincé ne saurait réclamer la garantie de
son auteur, au sujet d'un bien dont la délivrance est
censée ne lui avoir jamais été faite. Cette garantie, que
refuse la logique (1), ne saurait exister dans la doctrine
de la résolution.

Un seul droit de mutation est dû à la régie. Bien
mieux, la jurisprudence a décidé que le tiers évincé
ne peut plus être recherché, ni à raison du droit simple
qu'il n'aurait pas payé, ni à raison du double droit
qu'il avait originairement encouru pour dissimulation
du prix de la vente volontaire.

Les fruits intérimaires n'appartiennent pas au tiers
surenchéri.

L'aliénateur primitif peut encore consentir sur l'immeuble qu'il a vendu, des privilèges, des hypothèques, etc.

(1) Laurent, t. XXXI p. 499 n° 545 — Aubry et Rau, t. III p. 535
note 10 § 294.

Enfin, le reliquat du prix d'adjudication, après paiement des créanciers du vendeur originaire, n'appartient pas au tiers surenchéri.

C'est au sujet de ces conséquences qu'un des partisans du système de la résolution, a émis la théorie ingénieuse de la résolution facultative. M. Mourlon tout en conservant le principe de la rétroactivité, modifie profondément la théorie de la jurisprudence (1).

La rétroactivité de l'éviction subsiste pleine et entière entre le tiers surenchéri et les créanciers hypothécaires ou toutes autres personnes. Mais dans ses rapports avec le précédent propriétaire, le tiers surenchéri a la faculté d'accepter ou de répudier la résolution *ex tunc*.

Cette option est basée sur cette disposition de l'article 1184 du Code civil : « La partie envers laquelle l'engagement n'a pas été exécuté, a le choix ou de forcer l'autre à l'exécution de la convention, lorsqu'elle est possible, ou d'en demander la résolution avec dommages-intérêts. »

Si l'adjudication a produit un prix supérieur au montant des créances inscrites, il optera pour le maintien de son titre d'acquisition, afin de toucher l'excédant de ce prix.

Si, au contraire, l'adjudication a produit un prix inférieur, il préfèrera voir disparaître son titre, ce qui lui permettra d'exercer, contre l'adjudicataire, le recours de l'article 2188 C. C.

---

(1) *Traité de la transcription* n° 85.

En outre, quelle que soit son option, M. Mourlon
accorde au tiers surenchéri un recours en indemnité
basé sur l'article 1630 C. C., s'il n'opte pas pour la
résolution, sur l'article 1382, s'il l'accepte.

M. Mourlon avait voulu corriger le système de la
jurisprudence, M, Vernet (1) s'est attaché à nous
démontrer que cette option, laissée au tiers surenchéri,
faisait dépendre de son caprice la validité ou la caducité des hypothèques qu'il avait consenties ; que, de
plus, cette option lui était peu utile, puisque les
dommages-intérêts qu'il obtient par l'action en garantie
lorsqu'il repousse la résolution, l'article 1382 les lui
accorde également lorsqu'il préfère la résolution.

Le point de départ de toutes ces combinaisons
savantes étant erroné, il n'y a pas lieu de s'étonner
que des critiques nouvelles se soient élevées.

On a fait remarquer que si l'objection de M. Vernet
était exacte, elle aboutissait à dire que l'acquéreur
d'un immeuble perdait le droit de demander la résolution de son titre d'acquisition, lorsqu'il avait grevé cet
immeuble d'hypothèques ou d'autres droits réels ;
qu'il ne suffisait point cependant d'appeler ce droit un
caprice pour prétendre le lui dénier. L'article 1382
donne au tiers détenteur, dites-vous, les mêmes
dommages-intérêts que l'article 1630 et vous en
concluez que l'option est peu utile. Je dirai plutôt que
si l'auteur est insolvable — ce qui arrivera presque
toujours — ces deux actions ne seront pas plus utiles

(1) *Revue critique*, t. 23 p. 152.

l'une que l'autre. En tout cas, dans la théorie de M. Mourlon, il importera toujours au tiers surenchéri de choisir entre les restitutions de l'article 2188 C. C., en cas d'option pour la résolution, et l'excédant du prix d'adjudication, en cas d'option pour le maintien du contrat.

Nous voilà donc en présence de trois systèmes qui nous conduisent à des résultats absolument différents.

Nous écarterons celui de l'option, en faisant remarquer qu'il interprète l'article 2188 C. C., sur la restitution des frais et loyaux coûts du contrat, comme une disposition facultative. Or, le texte de la loi est absolument impératif : L'adjudicataire est tenu, nous dit le Code, de restituer, quand il y a eu éviction. L'évincé n'a pas le choix entre la restitution et un autre mode de satisfaction. Du moment qu'il a été évincé, ce sont les restitutions énumérées par l'article 2188 qui s'imposent.

Mais, s'il est certain que cet article 2188 ne laisse aucune option au tiers surenchéri, peut-il au moins servir de fondement à l'opinion de la jurisprudence ? Cet article implique-t-il nécessairement, et dans tous les cas, la résolution rétroactive des droits du tiers surenchéri ?

L'idée de rétroactivité ne suffit pas à expliquer l'article 2188. Si cet article, en effet, n'avait en vue qu'une pure restitution et s'expliquait par ce seul motif, il ferait double emploi avec l'article 1630, C. C; il serait inutile, et pour appliquer le droit commun ce n'est point l'adjudicataire qui devrait restituer les frais au tiers surenchéri, mais bien le vendeur primitif (art. 1630, C. C.); or, l'article 2188 a précisément été fait pour déroger à ce droit commun de l'article 1630. Ce qu'a eu en vue le législateur, dans l'article 2188, ce n'est pas tant une restitution qu'une obligation imposée à l'adjudicataire.

Il est vrai qu'en réalité, ce n'est pas l'adjudicataire qui souffre de ces restitutions ; en prévision de ces charges, il a soin de porter son prix moins haut. Ce sont les créanciers poursuivants qui supportent, en définitive, le remboursement imposé par l'article 2188 C. C.

Mais l'application du droit commun qui aurait été faite ici, c'est-à-dire, la restitution des frais imposée au vendeur primitif, aurait presque toujours empêché le tiers détenteur de purger. En effet, si l'éventualité d'une ajudication sur surenchère du dixième au profit d'un tiers se réalise, la créance de restitution de 2188 est le plus souvent illusoire, le vendeur primitif étant insolvable. La purge aurait donc été abandonnée.

Or, dans le but de favoriser la purge, le législateur a mis ces restitutions à la charge de l'adjudicataire. Par faveur pour le tiers acquéreur qui offre de lui-même son prix d'acquisition, ou la valeur estimative de l'immeuble aux créanciers inscrits, c'est-à-dire une somme liquide, le législateur fait une exception et impose à l'adjudicataire les obligations ordinaires du vendeur (1).

On voit que l'article 2188 C. C. ne peut servir de fondement à la doctrine de la résolution. Quant à cette

(1) Labbé, *De la Purge. Revue critique* t. 19, 1861, p. 299 n° 35.

allégation que le créancier qui surenchérit dans la purge, proteste contre le contrat qu'on soumet à son approbation (Cassation 15 décembre 1862), elle contient une erreur évidente. Le surenchérisseur, nous dit M. Labbé, « refuse simplement de libérer le tiers acqué-
» reur de l'obligation réelle à laquelle il est soumis ; il
» reprend son droit de faire vendre l'immeuble, comme
» si la purge n'avait pas eu lieu, sous la seule condition
» de faire une surenchère ».

« Cette proposition n'est, à notre avis, disent MM.
» Aubry et Rau (1), qu'une pétition de principe qui
» repose sur des idées inexactes en Droit. En exerçant
» la surenchère, les créanciers ne contestent nullement
» la transmission de propriété qui s'est opérée par le
» titre d'acquisition du tiers détenteur ; ils refusent
» simplement, de dégager ce dernier, au prix par lui
» offert, de l'obligation réelle à laquelle il se trouve
» soumis, et reprennent sous la condition de porter le
» prix à un dixième en sus, le droit de faire vendre
» l'immeuble sur lui, comme ils auraient pu le faire
» s'il n'avait pas purgé ».

M. Laurent (2) a fait également bonne justice de cette proposition. Outre que les créanciers n'ont pas à pro-tester contre une aliénation parfaitement légitime, ni à ratifier un contrat que le débiteur peut faire sans leur consentement, ils n'ont pas davantage pouvoir de reconnaître ou attaquer le titre en vertu duquel le tiers

(1) T. III p. 535 § 294 note 109.
(2) T. 31 p. 495 nº 544.

acquéreur est devenu propriétaire. Pour qu'un titre puisse être attaqué, il faut qu'il soit vicié. Quel est le vice qui entache le titre du nouveau propriétaire ? L'insuffisance de la somme offerte ! Ce n'est pas un vice. D'ailleurs c'est en nullité que les créanciers devraient agir, si le titre était vicié. Et puis, si, en attaquant, les créanciers ont pour but de faire tomber le titre du tiers détenteur, la conséquence de la nullité est au moins singulière lorsque le tiers détenteur est un légataire. L'action hypothécaire des créanciers qui n'acceptent pas les offres à fin de purge aboutit à faire tomber le legs, titre de l'évincé. C'est là une cause de caducité des legs que les lois ignorent et que la Cour de Cassation invente.

Quant à l'argument qui consiste à rapprocher l'adjudication sur surenchère du dixième de l'adjudication sur surenchère du sixième, il doit aussi être repoussé. Pour rapprocher les deux adjudications et leur faire produire des effets analogues, pourquoi, en effet, établir une différence entre les évictions qui résultent de l'action hypothécaire ? Ces évictions qui ont une même source ne doivent-elle pas être plutôt régies par des règles analogues, ainsi que le veut leur communauté d'origine, que par des règles distinctes qui n'ont leur raison d'être que dans la communauté du procédé qui amène l'éviction, la surenchère ?

On fait bien valoir que toute acquisition sujette à surenchère n'est faite que sous condition résolutoire ; mais cette condition existe-t-elle véritablement dans l'acquisition du tiers détenteur ?

Outre qu'il n'existe de condition résolutoire, ainsi qu'on l'a vu plus haut, que si les parties l'ont voulu ou que la loi l'a sous-entendu, le tiers détenteur n'a-t-il pas tout pouvoir (en supposant que cette condition puisse exister) de la faire naître ou défaillir à son gré ?

Il peut désintéresser tous les créanciers inscrits ; il peut aussi se laisser saisir ; il évite de cette façon l'éventualité d'une surenchère du dixième et les effets qu'on voudrait lui faire produire.

La condition ne naît, tout au plus, que si le détenteur recourt à la purge. Une condition, dont l'existence est laissée ainsi au caprice d'une seule partie, existe-t-elle réellement !

On remarquera aussi que si la vente est résoluble cela permet au vendeur de revenir sur un contrat qu'il a volontairement conclu, et d'enlever au tiers acquéreur le bénéfice de la vente ou de la donation, en ne payant pas ses créanciers hypothécaires.

Cette doctrine méconnaît enfin l'esprit du législateur qui a entendu favoriser la purge, et lui accorder, pour le moins, toutes les faveurs qui existent pour la saisie et le délaissement.

D'ailleurs, il n'y a qu'une pure analogie de procédé entre la surenchère du dixième et celle du sixième.

L'acquéreur volontaire peut, on vient de le voir, éviter la surenchère du dixième, soit en désintéressant tous les créanciers inscrits, soit en délaissant ou en se laissant personnellement saisir. La surenchère du sixième ne peut être évitée.

L'acquéreur surenchéri du dixième tient ses droits

d'une acquisition amiable ; l'acquéreur surenchéri du sixième est un adjudicataire sur mise en vente publique.

La surenchère du dixième n'est possible que dans la purge et de la part d'un créancier inscrit ; la surenchère du sixième est possible dans toutes les expropriations forcées et de la part de qui que ce soit (art. 708 C. de Pr.).

Enfin, il est singulier que l'accomplissement d'une formalité qui a pour but de conserver au tiers acquéreur la propriété de l'immeuble, ait également pour résultat d'affecter le contrat d'une condition résolutoire.

Nous écarterons donc, avec le système de la jurisprudence, la théorie de l'annulation rétroactive.

Lorsque nous comparerons dans un chapitre suivant les effets de la théorie de droit commun avec ceux de la résolution des droits de l'évincé, nous verrons que les effets de l'annulation rétroactive, souvent inconciliables, sont moins avantageux que les conséquences de la doctrine de droit commun.

Nous tirerons de ce chapitre, cette conséquence : il n'y a pas à distinguer entre l'éviction produite par l'adjudication sur surenchère du dixième et l'éviction qui survient à la suite du délaissement ou d'une saisie pratiquée sur le tiers détenteur.

La purge, le délaissement, l'expropriation sur saisie du tiers détenteur amènent ou peuvent amener l'éviction. Cette éviction est toujours la même, car elle résulte de l'exercice du droit de suite des créanciers hypothécaires (1).

---

(1) Aubry et Rau, t. 3, p. 534, 535.

CHAPITRE III

EFFETS DE L'ÉVICTION

L'expropriation, à la suite de l'action hypothécaire, a pour résultat de mettre en présence bien des intérêts distincts et opposés. Il s'agit de ménager les froissements qui peuvent en résulter, tout au moins de réparer le dommage qui a pu être causé.

Le tiers évincé a des rapports à régler avec son vendeur, les créanciers hypothécaires et l'adjudicataire. Un coup d'œil sur l'ensemble de leurs effets nous montre que la réclamation de la valeur du bien dont l'acquéreur est évincé et de dommages-intérêts ; les comptes à établir sur l'augmentation ou la diminution de valeur du même bien, sont d'une façon générale, les sourses variables de ces différents rapports.

Le remboursement des impenses et améliorations jusqu'à concurrence de la plus-value du bien hypothéqué ; l'indemnité due par le tiers détenteur pour la perte et les détériorations du gage ; le compte des fruits perçus ; la cessation des effets de la confusion produite en la personne du tiers détenteur ; la confirmation des droits réels concédés par le tiers détenteur ; le recours du tiers évincé contre son auteur ou le débiteur principal ; la répétition des frais et loyaux coûts du contrat poursuivie contre l'adjudicataire ; enfin, le bénéfice de la subrogation qui peut, en quelques cas, compéter au tiers détenteur évincé, nous fourniront, à tour de rôle, le sujet de développements que nous présenterons sous huit sections différentes.

Nous verrons que les partisans de la théorie de la résolution, d'accord sur l'existence de la condition résolutoire, se divisent, au contraire, au sujet des effets qu'elle produit. Dans cette doctrine, en effet, on admet sans difficulté (sauf la réserve de M. Mourlon) que la personne du tiers surenchéri doit disparaître, mais on ne sait si, dans cet espace laissé vide, on doit faire avancer l'auteur du surenchéri ou, au contraire, y attirer en arrière l'adjudicataire.

Les uns veulent que ce soit le vendeur originaire (si par hypothèse le titre d'acquisition est une vente) qui occupe la place laissée libre par l'évincé. Le vendeur serait réputé dessaisi seulement par l'adjudication.

D'autres sont d'avis que l'adjudicataire est *subrogé* au tiers surenchéri. Il est censé avoir acquis l'immeuble au jour même de la mutation volontaire.

Suivant que les partisans de la résolution adoptent l'idée de *subrogation* ou la repoussent, ils aboutissent à des décisions tout à fait différentes dans plusieurs des questions qui vont suivre.

Section I

DES IMPENSES ET AMÉLIORATIONS

Si les créanciers hypothécaires ont droit à leur gage dans son intégrité ils ne peuvent cependant prétendre à plus que ce qui leur a été donné. On comprend donc que le tiers évincé ait un droit exclusif à la portion de prix qui représente ce qui n'a jamais été hypothéqué et qui ne saurait rentrer dans le patrimoine du débiteur puisqu'il n'en a jamais fait partie à aucun titre.

Mû par un même sentiment d'équité, le législateur qui ne permet pas au tiers détenteur de nuire aux créanciers hypothécaires en détériorant leur gage, prend également soin que les créanciers hypothécaires ne s'enrichissent aux dépens du tiers détenteur (art. 2175 C. C.).

L'article 2175 C. C. dispose en effet, dans son deuxième alinéa, que le tiers détenteur ne peut « répéter ses impenses et améliorations que jusqu'à concurrence de la plus-value résultant de l'amélioration. »

Le Code parle de ces impenses comme des détériorations, incidemment, à propos du délaissement.

La portée de cette disposition est cependant plus générale et il faut l'étendre au cas où le tiers détenteur est évincé à la suite d'une adjudication sur surenchère du dixième ou d'une adjudication sur saisie pratiquée sur lui-même.

Quelles sont, en principe, les améliorations qui permettent de fonder un recours ?

Les améliorations qui supposent le fait du tiers détenteur sont les seules qui lui permettent d'élever une réclamation.

Si l'amélioration de l'héritage n'a rien coûté au tiers détenteur, la question reste réglée par l'article 2133 C. C. Les créanciers hypothécaires profitent de l'amélioration sans devoir de récompense. Ils ne s'enrichissent pas aux dépens du tiers détenteur. Telles sont les améliorations économiques ; les améliorations juridiques (arrivée de conditions ; résolution d'une convention ; extinction d'une servitude personnelle ou réelle par l'arrivée du temps fixé ou le non usage) ; telles sont enfin certaines augmentations matérielles : l'alluvion.

Mais s'il est certain, aux termes de l'article 2175 du Code civil, que le tiers détenteur est créancier de l'indemnité de plus-value pour les améliorations de l'immeuble comme il est responsable de la perte et des détériorations de ce même immeuble, entre quelles personnes le compte d'indemnité pour plus-value ou dégradation doit-il se régler ? Est-ce entre les créanciers hypothécaires et le tiers détenteur ou entre lui et le tiers adjudicataire ?

(Cette question se pose dans les mêmes termes à propos des deux dispositions de l'article 2175 C. C.).

Il y a d'abord un moyen bien simple de résoudre cette question délicate, c'est de l'éviter en arrangeant amiablement les choses avant l'adjudication, en insérant par exemple dans le cahier des charges une clause destinée à devenir, après l'adjudication, la loi des parties.

Comme le conseillent MM. Aubry et Rau (1) et M. Pont (2), le tiers surenchéri qui désire s'assurer, on le suppose, le remboursement de sa créance d'indemnité pour plus-value (art. 2175, 2°) aura soin, en intervenant dans l'instance en validité de la surenchère, de faire ordonner par le jugement que l'adjudicataire éventuel sera tenu de lui rembourser cette créance de plus-value, en sus du prix d'adjudication. Il faut naturellement, avec cette solution, décider que la plus-value sera déterminée préalablement à l'adjudication.

Mais la jurisprudence n'est pas bien fixée sur la validité du procédé. Tandis que certaines Cours (3) jugent que la créance d'indemnité est valablement réglée avec le créancier surenchérisseur comme représentant tous les autres, dans l'instance en validité de surenchère. D'autres Cours (4) décident, au contraire, que le règlement de l'indemnité de plus-value exige la présence de tous les créanciers et ne peut valablement avoir lieu que lors de l'ouverture de l'ordre.

Cette dernière opinion paraît assez rationnelle ; on ne saurait, en effet, entraver l'exercice de l'action hypothécaire par les expertises préalables que peut

(1) T. III, p. 538 § 294.

(2) T. II, n° 1397.

(3) Toulouse, 30 mai 1873, D. 74, 2, 187. — S. 73, 2, 301 et la note sous cet arrêt.

(4) Paris, 26 décembre 1873, D. 75, 5, 414.

nécessiter l'évaluation de la plus-value. D'autre part, le créancier surenchérisseur qui offre un dixième en sus du prix qui lui est offert, ne se soucie guère, peut-être, d'avoir l'immeuble avec ses améliorations; il peut se trouver dans l'impossibilité d'en payer la plus-value. Si cette clause était véritablement obligatoire, elle aggraverait donc la position du tiers détenteur.

C'est en ce sens que la Cour de Cassation a rendu dernièrement un arrêt à la date du 14 novembre 1881 (S. 82, 1, 257), contrairement aux conclusions du conseiller rapporteur, M. Babinet.

M. Babinet, partisan de l'expertise préalable disait, dans son rapport : s'il peut y avoir doute sur l'existence ou l'étendue de la plus-value, il n'y en a aucun sur son attribution exclusive au tiers détenteur après sa fixation. Il en résulte qu'il est nécessaire de fixer immédiatement la plus-value, pour éviter des difficultés ultérieures.

Et il ajoutait : on rend illusoire le droit positif inscrit dans les articles 2175 et 555 C. C. en renvoyant, en tous cas, le tiers détenteur de bonne foi à se pourvoir à l'ordre pour y régler ses répétitions.

Mais les prétentions du rapporteur n'ont pas triomphé et la Cour a refusé de reconnaître la nécessité d'une expertise préalable.

Du moment qu'il peut arriver, ou que le surenchérisseur s'oppose au réglement préliminaire de l'indemnité, ou que le tiers surenchéri omette de demander cette fixation dans l'instance en validité de la surenchère, la question précédemment posée reste intacte.

Mais puisque l'adjudicataire éventuel de l'immeuble amélioré ou déprécié ignore au moment où il porte son enchère quel est le montant de la plus value ou de la moins value (a supposer même qu'il en soupçonne l'existence) la solution s'impose : le compte ne peut s'en régler avec lui.

Les comptes d'indemnité pour plus value ou dégradations doivent se régler exclusivement entre les créanciers hypothécaires et le tiers acquéreur.

On ne saurait, en effet, raisonnablement prétendre que ce qui a déterminé l'ajudicataire à enchérir, ce qu'il a eu en vue, c'est l'immeuble tel qu'il se comportait au moment de l'acquisition volontaire (qui peut remonter à plusieurs années) c'est-à-dire, fictivement dépouillé des améliorations qu'il a pu recevoir dans l'intervalle des deux ventes. L'adjudicataire évalue l'immeuble tel qu'il l'a sous les yeux, avec toutes les améliorations et les modifications que le tiers détenteur y a faites. Obliger l'adjudicataire à rembourser la plus value en sus de son prix, c'est le forcer à payer, une seconde fois, une somme comprise dans le prix d'adjudication.

Il existe cependant une opinion, que nous ne saurions admettre, soutenue par MM. Troplong et Grenier et d'après laquelle le compte relatif aux indemnités doit se régler uniquement entre le tiers détenteur et l'adjudicataire. L'adjudicatire qui, d'après eux, achète l'immeuble tel qu'il se comportait au moment du contrat volontaire, puisque ce contrat sert de minute d'enchères, (art. 2187 C. C. 837 Pr.) doit restituer à l'acquéreur évincé en sus du prix d'adjudication le montant de la plus value, à l'inverse l'acquéreur évincé est en butte au recours de l'adjudicataire pour les dégradations qu'il a pu commettre et dont il est responsable.

Cette opinion qui puise argument dans les articles 2187 du Code civil et 837 du Code de procédure, et dans les travaux préparatoires du Code civil (1) a été adoptée notamment par un arrêt de la cour de Limoges du 24 avril 1869 (S. 70, 2, 1).

L'article 837 du Code de procédure n'a pas une portée aussi générale qu'on veut bien le dire. C'est ce que nous dit M. Labbé (2) « il ne faut pas croire que le contrat de vente à l'amiable, en devenant le cahier des charges d'une nouvelle vente, ne reçoive jamais de modifications. Si le vendeur a inséré une clause qui nuit à la réalisation en argent du gage des créanciers hypothécaires, ceux-ci la feront disparaître ; ce n'est donc pas à la lettre, et avec une rigueur inflexible, que le contrat du premier acquéreur devient le titre du nouvel adjudicataire. Le même acte sert aux deux

(1) Quand le titre de la purge fut discuté au Conseil d'État, un orateur trouvant l'article 2188 C. C. mcomplet proposa d'y ajouter que l'adjudicataire serait également tenu de rembourser la plus value provenant des impenses et améliorations. Treilhard répondit que cette obligation étant de droit commun, il était inutile de l'exprimer. Locré, t. XVI p. 292.

Mais on ne peut accorder plus d'importance qu'il ne faut à cette réponse. Treilhard voulait, peut-être, simplement dire que celui qui profite de dépenses faites par un précédent possesseur en doit le remboursement.

(2) *Journal du Palais* 1864 p. 72 note,

ventes, mais *mutatis mutandis*. Le seul but du législateur était de diminuer les frais. »

L'action tendant à répéter les dépenses faites ne peut utilement être agitée qu'après l'éviction, tandis que, nous le verrons, l'action en indemnité pour détériorations peut s'exercer, même avant toute poursuite de la part des créanciers hypothécaires. Jusque l'adjudication l'acquéreur volontaire reste propriétaire ; il est toujours libre de payer la dette, et les créanciers peuvent se désister de leurs poursuites. Il a donc soigné et amélioré sa chose ; il n'a encore aucune qualité pour se faire restituer les dépenses faites de ce chef.

Cet avantage que la loi accorde au tiers détenteur à l'égard des créanciers hypothécaires, n'appartient pas au débiteur principal à l'égard de ces mêmes créanciers. Cette distinction faite par le législateur est équitable, et pour la bien comprendre, il faut supposer que le débiteur principal a des créanciers hypothécaires et des créanciers chirographaires. D'après la loi, les améliorations du fonds hypothéqué profitent aux créanciers hypothécaires comme étant des accessoires du fonds (2133 C. C.).

Si le débiteur principal avait le droit de réclamer ses impenses, les adjudicataires du bien hypothéqué, en prévision de ces charges, diminueraient leur prix et ce seraient en somme les créanciers chirographaires qui profiteraient de cette situation au détriment des créanciers hypothécaires. C'est ce que la loi n'a pas voulu.

Lorsque le bien hypothéqué est entre les mains d'un tiers détenteur, la situation est toute différente, le tiers détenteur n'est pas débiteur et lorqu'il réclame ses impenses, s'il fait tort aux créanciers hypothécaires (1), ce n'est point au profit des créanciers chirographaires. Il a le droit de réclamer ses impenses pour que les créanciers ne s'enrichissent pas sans cause à ses dépens. L'action en réclamation de ses impenses était juste : on comprend que la loi l'ait accordée.

Nous venons de voir quelles étaient les améliorations qui pouvaient déterminer une action en indemnité et entre quelles personnes le règlement de cette indemnité devait s'opérer. Or, si toutes les améliorations ne donnent pas lieu à récompense, parce qu'il en est qui peuvent n'avoir rien coûté, peut-on au moins répéter dans tous les cas ce qu'on a dépensé ?

On peut classer les dépenses, en dépenses nécessaires, utiles et voluptuaires. Il n'y a pas doute que les dépenses voluptuaires ne donnent jamais lieu à récompense : elles n'augmentent pas la valeur du bien. Il n'y a pas de difficultés non plus sur les dépenses utiles ; elles ne peuvent être répétées que dans la mesure de la plus value. Mais la controverse naît au sujet des dépenses nécessaires qui, on le suppose, ne procurent pas de plus value.

---

(1) On peut contester que le tiers détenteur qui réclame ses impenses fasse même tort aux créanciers hypothécaires. Si ce tort paraît exister à première vue, on reconnaît bientôt qu'on ne saurait l'établir, quand on songe que le tiers détenteur ne réclame que ce qui n'a jamais été donné en gage, ce qui n'est jamais sorti du patrimoine du débiteur, mais du sien.

Mais le motif qui justifie sa réclamation, en détermine également la limite ; le tiers détenteur ne peut réclamer au maximum que ce qu'il a dépensé.

Il faut poser en principe qu'aucune indemnité n'est due pour cette sorte de dépenses.

Le Code emploie, sans la qualifier, l'expression impenses pour désigner les dépenses dont le tiers détenteur pourra se faire restituer jusqu'à concurrence de la plus value qu'elles ont produite.

Loyseau donne une définition aussi exacte que précise des mots : impenses et améliorations. « Les impenses sont les sommes qui ont été dépensées à améliorer l'héritage. Les améliorations sont ce qu'il vaut de plus à raison des sommes qui y ont été employées » (1).

Quelles que soient les sommes que le tiers détenteur ait dépensées pour l'immeuble, elles ne lui permettront de fonder une réclamation, du chef de l'article 2175, que si l'immeuble a été amélioré et dans la limite de la mieux value qu'il a acquise.

Le législateur n'a pas voulu que le tiers détenteur ne s'appauvrisse pas, mais que les créanciers hypothécaires ne s'enrichissent pas à ses dépens. Le fondement de l'action en indemnité est la *versio in rem* (2).

Tout le monde n'est pas de cet avis et l'on interprète différemment l'article 2175 ; d'après certains auteurs, le tiers évincé pourrait répéter les dépenses nécessaires pour la totalité.

Toutes les dépenses faites pour un immeuble, dit-on, ne produisent pas toujours une amélioration, une

---

(1) Voir Troplong (*Priv. et hyp.*) t. 3 n° 387 p. 421.

(2) Voir un arrêt de Cassation du 16 juillet 1889 (S. 90, 1, 97), qui nie l'existence dans notre Droit de l'action de *in rem verso*. C'est une décision toute nouvelle et sur laquelle on ne saurait se fonder pour croire que la jurisprudence est définitivement fixée en ce sens.

plus-value. Toute la catégorie des dépenses nécessaires n'a d'autre but que d'empêcher la dépréciation et de maintenir le *statu quo*, l'état ordinaire, normal de l'immeuble. S'ensuit-il, parce qu'il n'y a pas d'amélioration et par suite de plus-value, que le tiers détenteur ne puisse répéter ces impenses ?

Ce serait une erreur de le croire. Le tiers détenteur peut répéter ses impenses nécessaires pour la totalité(1), parce que le tiers détenteur qui fait des dépenses nécessaires gère l'affaire des créanciers hypothécaires. L'action qui tend à réclamer ces déboursés est fondée sur une gestion d'affaires.

En effet, s'il n'y a pas d'amélioration, au sens propre du mot, il y a cependant profit pour ces créanciers. Ils bénéficient de la conservation du gage, qui ; sans les dépenses faites par l'acquéreur volontaire, eût, sinon totalement péri, au moins diminué d'une grande partie de sa valeur. Il est juste que les créanciers hypothécaires restituent au détenteur évincé les dépenses qu'il a faites de ce chef et qui leur profitent indirectement.

Si le détenteur ne les eût pas faites, il aurait subi le recours des créanciers hypothécaires accordé par la première partie de l'article 2175 C.C. S'il les fait, et que le recours contre les créanciers hypothécaires lui est refusé, ceux-ci se sont enrichis à ses dépens, car il ne trouvera nulle part à répéter ses impenses. La réciprocité n'est pas établie.

(1) Delvincourt, t. III, note 11, p. 180.
Laurent, t. 31, p. 278.

Il est donc utile de lui accorder la répétition des impenses nécessaires à l'encontre des créanciers hypothécaires.

D'ailleurs, la Loi, en employant à dessein deux expressions différentes impenses et améliorations, n'a-t-elle pas eu l'intention de comprendre, dans la première, les frais dont nous nous occupons ? (1).

On objecte que c'est guérir un mal pour en faire naître un nouveau : Si les travaux nécessaires sont, en effet, considérables, ce seront les créanciers hypo-thécaires qui se trouveront lésés et qui pourront même, suivant les circonstances (si les travaux ont péri), voir le bénéfice de l'action du détenteur évincé absorber le montant de leurs créances.

Mais, réplique-t-on, cette hypothèse est bien invrai-semblable. En tout cas, entre deux maux c'est le moindre qu'il faut choisir, et c'est l'intérêt du tiers acquéreur qu'il faut sauvegarder. « On suppose, dit M. Laurent (2), » que les travaux ont péri ; il y a une autre supposition » qui est l'expression de la réalité, c'est que l'héritage » eût péri sans les travaux de conservation ; donc au » moment où ces travaux ont été faits, ils ont conservé » le droit des créanciers. C'est cette considération qui » doit l'emporter ».

Cette opinion, toute équitable qu'elle soit a un point faible : elle établit une distinction entre les dépenses qui n'existe pas dans l'article 2175 C. C. Elle ne tient

(1) Laurent, t. 31, n° 306, p. 279.
(2) Laurent, t. 31 p. 280 n° 306.

pas compte davantage de l'esprit qui a guidé le législateur, qui n'a entendu donner d'autre principe d'action
que la *versio in rem* (1). Le tiers détenteur qui fait des
travaux d'amélioration ou d'entretien ne gère pas
l'affaire des créanciers mais sa propre chose. Le fondement de l'action en répétition des impenses et améliorations est la *versio in rem* et non la gestion d'affaires (2).

A quel moment faut-il se placer pour apprécier la
plus value ?

Pour déterminer la plus value il faut se placer au
moment de l'adjudication (3) et non au jour où les
travaux ont été faits. Si l'immeuble valait par exemple
100 au commencement des travaux et qu'après avoir
dépensé 20 l'immeuble ne vaut cependant que 100, le
tiers évincé pourra réclamer 20 si au jour de l'adjudication l'immeuble n'eût valu que 80 sans les améliorations.

D'après M. Laurent la situation du tiers détenteur à
l'égard des créanciers hypothécaires est analogue à
celle des architectes et entrepreneurs à l'égard du
propriétaire dont ils ont amélioré le fonds. L'estimation
de la plus value résulterait donc de l'examen des deux
procès verbaux faits avant et après les travaux d'amélioration et de la comparaison établie entre la plus
value existant à cette époque avec celle qui subsistera
lors de l'éviction.

(1) Voir l'arrêt de Cassation précité du 11 Juillet 1889 (S. 90, 1, 97).
Le Code fait des applications de l'action de *in rem verso* dans les
articles 1312 et 1926, 1241 du Code civil.

(2) Voir Aubry et Rau, op. cit, t. 3 p. 451 note 56.

(3) Aubry et Rau, op. cit. t. 3 § 287 p. 451.

Ceci a tout au moins l'inconvénient de supposer qu'on s'attend à être évinçé dans la suite alors qu'on peut n'y pas penser. On a le droit de compter que le vendeur paiera ses créanciers hypothécaires.

Ensuite cette opinion étend par analogie un article qui ne saurait s'appliquer à notre matière : les architectes et les entrepreneurs travaillent sur le fonds d'autrui, le tiers détenteur travaille sur son propre fonds.

La plus value peut être supérieure à la dépense. Dans ce cas, les créanciers s'enrichissant de tout ce que l'immeuble vaut de plus qu'avant les travaux, ne faudrait-il pas dire qu'ils doivent indemniser le tiers évinçé en prenant pour base la plus value existant au jour de l'éviction et non les dépenses qui l'ont produite ?

A ceux qui seraient tentés de le croire on objecte le texte de l'article 2175 C. C. « il ne peut répéter ses impenses et améliorations *que* jusqu'à concurrence de la plus value... » donc, dit-on, ce sont les dépenses qui doivent servir de base et non la plus value (1).

Mais on fait alors remarquer que la loi n'a prévu qu'une des deux hypothèses qui pouvaient se produire : celle où les dépenses ont occasionné une plus-value dont le montant est inférieur à celui des frais déboursés.

Le législateur n'a pas prévu l'hypothèse où la plus-

---

(1) Pont. (*priv. et hyp.* t. 2) p. 529 n° 1207, et les arrêts cités sous la note 6. Aubry et Rau t. 3 § 287 p. 451.

value est supérieure aux dépenses. Elle reste donc régie par le droit commun.

On serait dans l'erreur si, pour refuser cette interprétation, on faisait valoir que le tiers détenteur ne s'appauvrit que des dépenses qu'il a faites et non de la différence entre ces dernières et la plus-value existante. La vérité, en effet, est que si le tiers détenteur avait vendu son immeuble volontairement on le lui aurait payé, eu égard à la plus-value, quelle qu'en soit l'origine. Si les créanciers hypothécaires ne la lui paient pas, ils s'enrichissent à ses dépens.

Cette opinion semble, cependant, devoir se soutenir difficilement en face des termes formels de l'article 2175 C. C. La distinction qu'on prétend établir est purement arbitraire.

D'ailleurs, ne peut-on pas dire qu'en l'espèce, le principe que les créanciers ne doivent pas s'enrichir aux dépens du tiers détenteur est respecté, puisque ces créanciers ne profitent pas d'une chose que le tiers détenteur n'a pas déboursée, la somme nécessaire à produire l'excédent entre les dépenses réelles et la plus-value existante n'étant jamais sortie du patrimoine du tiers détenteur.

Enfin, la solution que nous avons donnée plus haut pour la plus-value des améliorations juridiques et économiques, impose celle que nous devons poser ici : les raisons sont les mêmes dans les deux cas.

La nature de l'action en répétition des impenses n'est pas douteuse, quoique la Cour d'Angers ait semblé dire (1) : l'action est personnelle. Elle n'est possible qu'à partir de l'éviction, et depuis ce moment le tiers évincé a perdu tout droit de propriété, il ne lui reste plus qu'un droit de créance.

On s'est demandé si ce droit de créance n'était pas garanti par un privilège ou tout au moins par un droit de rétention.

Il n'y a aucun doute que le privilège n'existe pas ici, car il ne peut exister sans texte et le code est muet.

Les auteurs qui veulent établir ce privilège raisonnent par analogie. Les motifs qui ont décidé le législateur à donner un privilège pour les frais de conservation de la chose aux architectes et entrepreneurs se retrouvent ici, et par conséquent, disent-ils, le privilège doit exister (2). Ce raisonnement, en matière aussi grave, n'est pas celui d'un interprète, mais celui d'un législateur.

Quant au droit de rétention, plusieurs auteurs ont soutenu qu'il existait (3) toutes les fois qu'il y avait *debitum cum re junctum*. « Or, ici précisément, la » créance du surenchéri est liée à l'immeuble puisque » la plus-value qu'il réclame résulte des dépenses » faites, de travaux opérés sur le fonds lui-même. »

---

(1) Dalloz, au mot *privilèges* n° 459.

(2) Persil, art. 2175 n° 6. — Grenier, t. II n° 336. — Troplong t. 3 n° 836.

(3) M. Raynald Petiet, op. cit. p. 166 n° 282. — Voir également le rapport de M. Babinet analysé sous l'arrêt de cassat. du 14 novembre 1881. S. 82, 1, 257, Adde : jugement du tribunal de Vervins, 14 août 1885 (Pandect. Chr., 6, 2, 195). Bastia, 9 juillet 1856. S, 56, 2, 403.

On invoque à l'appui de cette théorie, le Droit romain (1) et le Droit ancien (2).

On ajoute que le Code n'ayant pas consacré un chapitre au droit de rétention en général, il n'a pas eu à en énumérer spécialement les cas, mais l'interprète doit combler cette lacune. D'ailleurs, si le Code civil ne l'a pas consacré d'une façon expresse, il en contient de nombreux exemples, notamment dans les articles 548, 867, 924, 1673, 1749, 1948, 2082, 2087, 2280.

Il faut cependant décider que le droit de rétention n'existe pas plus que le privilège. Il implique un droit de préférence à se faire payer et, on vient de le voir, il n'y a pas de préférence sans texte.

D'ailleurs, dans l'application, le droit de rétention serait impraticable.

D'abord, le tiers qui délaisse a perdu ce droit, puisque pour retenir, il faut supposer qu'on détient.

S'il n'a pas délaissé, la conservation du droit de rétention s'oppose à ce que l'expropriation se poursuive, puisque le tiers refuse de livrer l'immeuble pour le faire mettre en vente. Et cependant, il est personnellement intéressé à ce que cette expropriation se poursuive ; elle seule lui permettra de recourir en garantie contre son vendeur, de se faire subroger aux lieu et place des créanciers hypothécaires qu'il a désinté-

(1) L. 29 *de pign. et hyp.* — Instit. Liv. 2, Tit. 1, Loi 30.
(2) Ordonnances de Villers-Cotterets 1539 (art. 97) ; de Moulins 1566 (art. 52), citées par M. Babinet (voir rapport précité).

ressés, et enfin, de recouvrer les impenses qu'il a faites à l'occasion de l'immeuble.

Si le tiers évincé n'a ni privilège, ni droit de rétention, comment se fera-t-il payer cette créance de plus-value ? Viendra-t-il après tous les créanciers hypothécaires, ou même concourra-t-il au marc-le-franc avec les créanciers chirographaires ?

La *versio in rem* qui est le fondement de son action, lui permettra de demander dans l'instance d'ordre la distraction, à son profit, d'une portion du prix correspondant à la plus-value.

A cette portion de prix, il a un droit exclusif, parce qu'elle représente la valeur de sa propre chose. Ce n'est pas là un droit de préférence (1), mais plutôt quelque chose d'analogue à une revendication. Quoi de plus naturel que de prélever une somme que les créanciers devraient restituer : Le tiers détenteur est de ce chef créancier des créanciers hypothécaires.

En réclamant ce paiement, il ne fait tort ni aux créanciers hypothécaires, ni aux créanciers chirographaires, puisque jamais ils n'ont pu compter sur la portion de prix représentant les améliorations. Jamais cette portion de prix n'a fait partie du patrimoine du débiteur.

Ceci peut s'expliquer conformément aux textes. L'article 2133 C. C. dispose bien que l'hypothèque

---

(1) Il n'y a pas là de droit préférence, pas plus qu'il n'en existe un en faveur du tiers évincé, qui, en vertu de l'article 2177, reprend l'usufruit dont il jouissait avant son acquisition.

Les deux dispositions partent du même principe : du respect de la propriété.

acquise s'étend à toutes les améliorations survenues à l'immeuble hypothéqué, d'où il semble résulter que les améliorations faites par le tiers détenteur, sont devenues le gage des créanciers hypothécaires ; mais il faut prendre garde que l'article 2133 C. C. est placé sous la rubrique « des hypothèques conventionnelles ». Il a pu être convenu tacitement entre les parties, que le débiteur engageait, à la sûreté de son créancier, l'immeuble actuel et toutes les améliorations qu'il y ferait lui-même par la suite ; mais en quoi cela peut-il obliger notre tiers détenteur qui n'est pas intervenu ? L'article 2133, applicable dans les rapports du créancier avec le débiteur qui a consenti l'hypothèque, ne l'est plus dans les rapports du créancier avec le tiers détenteur, du moins en ce qui concerne l'amélioration résultant de faits personnels.

D'ailleurs, l'article 2175 C. C. est là qui le prouve, en apportant formellement une exception à l'article 2133 C. C.

Mais ce procédé ne s'applique qu'aux améliorations non isolables. Il est toute une catégorie d'améliorations pour lesquelles la répétition sera des plus simples. Ce sont les améliorations isolables, c'est-à-dire, celles que le tiers détenteur peut reprendre en ramenant l'immeuble à son ancien état sans le détériorer (1).

Il n'y a pas que les améliorations matérielles comme les meubles apportés, qui puissent être isolées ; les améliorations juridiques sont également isolables.

---

(1) M. Vallas. Cours de Code civil 1888-1889.

Nous verrons plus loin que l'article 2177 C. C. nous en donne un exemple, en permettant à l'évincé de reprendre le droit d'usufruit, dont il jouissait sur l'immeuble avant son acquisition. Il a amélioré le gage des créanciers hypothécaires, lorsque la consolidation s'est opérée en sa personne, de toute la plus-value qu'acquiert un fonds, quand au droit du nu-propriétaire vient se réunir le droit d'usufruit qui en était séparé.

Le tiers évincé reprend son usufruit, redevient usufruitier : c'est en cela que consiste la répétition de l'amélioration.

Mais si le droit du tiers évincé est un droit parallèle au droit des créanciers hypothécaires, quel est celui qui doit être préféré en cas de conflit ?

C'est le droit des créanciers hypothécaires.

Ainsi, il se peut que l'immeuble soit vendu pour un prix inférieur aux chiffres réunis du prix de vente et du montant de la plus-value constatée par experts. Le tiers évincé n'est cependant pas fondé à prétendre que la différence en moins soit répartie uniformément et sur le montant de la plus-value et sur la valeur de l'immeuble, de façon à la faire supporter en partie par les créanciers hypothécaires. Toute la différence s'impute sur la plus-value. Le droit des créanciers, résultant de leur hypothèque est, en effet, antérieur au droit de l'évincé résultant de la plus-value (1).

(1) Cass. req., 24 nov. 1868 (S. 69, 1, 177).

Section II

DE LA PERTE ET DES DETÉRIORATIONS

Le tiers surenchéri, comme celui qui délaisse ou se laisse personnellement saisir, reste propriétaire jusqu'au jugement d'adjudication. Par application de cet adage de droit commun, *res perit domino*, il supportera la perte de l'immeuble, survenue avant le jugement. Il n'y a pas à s'inquiéter ici des principes qui régissent les risques en matière d'obligations. Aucun lien d'obligation n'existe entre le tiers détenteur et les créanciers. La question des risques, est entièrement gouvernée par la maxime *res perit domino*.

Le tiers détenteur n'a même pas de recours en garantie contre son vendeur, car il n'est pas encore exproprié. C'est un cas fortuit, et non l'action hypothécaire, qui le prive de sa chose.

On n'est point sans faire d'objection, il est vrai. Le tiers détenteur qui délaisse, dit-on, abandonne la propriété sous la condition résolutoire de la reprise de l'immeuble. Ce sont donc les créanciers, débiteurs sous condition suspensive dans l'espèce, qui supportent les risques, puisque dans les contrats résolubles la perte est pour le débiteur.

Il suffira de se rappeler les principes exposés plus haut en matière de délaissement pour faire justice de cette théorie. Le délaissant n'abdique la propriété ni sous condition résolutoire, ni d'une façon pure et simple. Il n'abandonne que la détention.

La doctrine que nous exposons est celle qui est généralement adoptée par les auteurs (1).

Mais au lieu de subir une perte totale, l'immeuble peut n'avoir éprouvé que des détériorations.

L'article 2175 C. C. s'occupe dans son premier paragraphe de ces détériorations. Contrairement aux dispositions contenues dans les articles qui précèdent immédiatement et qui sont propres au cas de délaissement, la règle de l'article 2175 est à la fois commune à ce cas et à celui où le tiers détenteur se laisse saisir et exproprier.

Aux termes de l'article 2175, le tiers détenteur est sous le coup d'une action en indemnité, si les détériorations procèdent de son fait ou de sa négligence. Ainsi qu'on l'a vu précédemment, le compte relatif aux indemnités pour détériorations, se règle entre le tiers acquéreur évincé et les créanciers hypothécaires, et non entre l'évincé et l'adjudicataire.

On peut se demander s'il est bien équitable de rendre le tiers détenteur sujet à ce recours; il est, en effet, propriétaire, personne n'a le droit d'empêcher qu'il ne déprécie son immeuble.

Dans notre ancien droit, le tiers détenteur n'avait pas à répondre des détériorations survenues avant la

---

(1) Laurent, op. cit. t. 31, 269, 70, n° 269.
Aubry et Rau, op. cit. § 287 p. 448.
Pont, t. II p. 520, n° 1193 — Delvincourt, III p. 179 note 5 — Troplong, t. III, n° 285.
Mourlon. *Répétit. écrites*, t. III p. 511.

demande en déclaration d'hypothèque. Pothier nous dit (1), dans son traité de l'hypothèque : « Le tiers » détenteur ne peut être condamné à autre chose » qu'au délais de l'héritage en l'état où il se trouve : il » n'est point tenu des dégradations qu'il y a faites » avant la demande ; car il a pu négliger un héritage » qui lui appartenait et le dégrader............. ; tant que » l'on ne donne pas contre lui la demande hypothé- » caire aux fins de délaisser l'héritage, il demeure » maître de faire de son héritage ce que bon lui semble » et il peut penser que le créancier trouve son débi- » teur personnel suffisant. »

De même Loyseau écrivait : « Le tiers détenteur a pu » user et disposer à son plaisir et volonté de l'héritage » qui était sien et qu'il avait loyalement acquis sans » scavoir qu'un autre y prétendit droit......, ce que » j'estime être vrai, supposé même qu'il sceust que » l'héritage était hypothéqué » (2).

Mais la situation changeait à partir de la demande en déclaration d'hypothèque. Le tiers était responsable des dégradations survenues après ce moment ; car, nous dit Loyseau, « il faut après la condamnation qu'il délaisse tel qu'il était lors de la demande » (3).

Il faut, en effet, se rappeler qu'à l'époque où Pothier et Loyseau écrivaient, le régime hypothécaire était tout différent de celui qu'il est actuellement. Les hypo- thèques étaient occultes et l'on pouvait loyalement

---

(1) *Tr. de l'hyp.* ch. 2. art. 3. N° 110, p. 451 et suiv.
(2) Loyseau (*Du deguerpiss*, liv. 5 ch. 14 n°s 17 et suiv.).
(3) Loyseau, op. citat. — Pothier, *Coutume d'Orléans* T. XX n° 48.

acquérir un immeuble sans savoir qu'un autre y prétendrait droit. Aujourd'hui, grâce au système de la publicité du régime hypothécaire, celui qui achète un immeuble peut connaître les charges qui le grèvent ; il doit, s'il en existe, s'attendre à ce qu'un jour on vienne le saisir pour réaliser la garantie à laquelle le gage est affecté. La disposition de l'article 2175, qui rend le tiers détenteur responsable des détériorations qu'il a commises, se justifie donc entièrement aujourd'hui.

Il n'y a plus à admettre de distinction entre les détériorations. Le tiers détenteur répond de toutes les diminutions survenues au gage à un moment quelconque de sa possession, quand elles ont pour cause son fait ou sa négligence. Le *jus abutendi* qui appartient à celui qui a la pleine propriété, n'appartient pas à celui qui a un droit de propriété démembrée.

Cette nécessité où sont les créanciers hypothécaires de prouver que les détériorations sont imputables au tiers détenteur, exclue donc toute la catégorie de dommages dont le tiers détenteur ne saurait être rendu responsable. L'article 2175, en édictant cette distinction conforme à l'équité, ne fait ici que confirmer celle qui existait déjà dans l'ancien droit : le tiers n'était tenu que des dégradations qui entachaient sa responsabilité. Il ne répondait pas, comme il ne répond pas aujourd'hui, des cas fortuits ou de force majeure.

Le tiers détenteur doit compte de la dépréciation aux créanciers hypothécaires inscrits sur l'immeuble. Ceci est naturel, et c'est à bon droit que la juris-

prudence a refusé cette action aux créanciers hypothécaires dont l'inscription sur l'immeuble n'est pas
encore prise et aux créanciers chirographaires (1).

La sûreté donnée aux créanciers hypothécaires a
morcelé la propriété aux mains du constituant ; il ne
peut plus diminuer le gage donné. Le simple droit qui
appartient aux créanciers chirographaires laisse au
débiteur la disposition de la pleine propriété de ses
biens. Les acquéreurs n'ont autre chose à redouter
des créanciers chirographaires que l'exercice de l'action
révocatoire (art. 1167 C. C.).

Si cette action en indemnité appartient indifféremment à tous les créanciers privilégiés ou hypothécaires
inscrits sur l'immeuble, il n'en est pas de même du
bénéfice résultant de cette action. Ce bénéfice représente la différence entre le prix de l'adjudication de
l'immeuble détérioré et celui que l'on aurait obtenu,
si l'on avait mis aux enchères un immeuble non
déprécié. On comprend, dès lors, que le procédé qui a
servi à distribuer les fonds provenant de l'adjudication,
doit également servir à répartir ceux qui proviennent
de l'action en indemnité ; ou mieux, cette seconde
répartition n'est que la suite de la première. Les créanciers inscrits, qui restent après les créanciers d'ordre
préférable, désintéressés dès l'abord avec le prix d'adjudication, seraient mal venus à prétendre que le bénéfice
de l'action en indemnité doit se répartir au prorata de
leurs créances. L'indemnité doit être attribuée en

(1) Toulouse, 30 mai 1833. S. 1834, 2, 528. D. P. 1834, 2, 5.

totalité aux créanciers inscrits, mais dans l'ordre de leurs inscriptions.

Cette action, accordée par l'article 2175 C. C., peut être exercée, non seulement après l'expropriation du tiers détenteur, mais même en dehors de toute poursuite en paiemeut de la dette hypothécaire ou en délaissement du bien hypothéqué (1).

Elle appartient aux créanciers purs et simples comme aux créanciers conditionnels. Seulement, ces derniers n'auront que le droit, après avoir obtenu réparation du dommage éventuel qui peut leur arriver, d'exiger la consignation du montant de l'indemnité.

Si le tiers détenteur répond des détériorations qui résultent de son fait, il en est autrement pour les dépréciations naturelles qu'a subies l'immeuble et qui peuvent tenir à des circonstances variées : dépréciations économiques ; faits de guerre, etc. Il n'en est pas responsable.

---

(1) M. Merville (*Revue pratique*, 1859. T. 8, p. 161) a parfaitement établi l'existence au profit des créanciers et, sans égard à leur rang, du droit à exercer l'action en indemnité pour détériorations, non seulement à partir de la sommation de payer ou de délaisser, mais du jour même où la détérioration existe. En effet, l'hypothèque n'étant plus occulte aujourd'hui, il n'est pas nécessaire que l'action hypothécaire en révèle l'existence. De plus, le texte de l'art. 2175 lui-même est aussi général que possible. « Les détériorations qui procèdent du fait ou de la négligence du tiers détenteur au préjudice des créanciers hypothécaires ou privilégiés, donnent lieu contre lui à une action en indemnité.»

Enfin, ce qui achève la démonstration, c'est « la comparaison de » l'article 2175 avec l'article 2176. D'après ce dernier article, les fruits » de l'immeuble hypothéqué ne sont dus par le tiers détenteur qu'à » compter du jour de la sommation de payer ou de délaisser. L'art. 2175 » ne contient rien de pareil. Le contraste est décisif...... L'hypothèque » qui restreint le droit de disposer ne porte aucune atteinte au droit » de jouir. »

Section III

DES DROITS DU TIERS DÉTENTEUR QUANT AUX FRUITS

Pendant toute la période intérimaire durant laquelle le tiers acquéreur, aujourd'hui évincé, a possédé l'immeuble, des fruits ont été produits. Pour savoir à qui les attribuer, il faut s'en rapporter aux articles 547 et 2176 du Code civil.

L'acquéreur évincé à la suite d'une adjudication sur saisie ou sur surenchère du dixième a, en principe, perçu légalement, en sa qualité de propriétaire et de possesseur, les fruits qui ont été produits par sa chose.

Quelle modification l'intervention des créanciers hypothécaires apporte-t-elle à ce principe ?

L'intervention des créanciers, qui se manifeste par la sommation de payer ou de délaisser, a pour effet de scinder en deux périodes l'espace de temps pendant lequel le tiers détenteur a été propriétaire.

Pendant la première période courue du jour de l'acquisition volontaire au jour de la sommation, le tiers détenteur, paisible propriétaire, fait en principe les fruits siens, il n'en doit pas compte.

La sommation de payer et de délaisser est le point de départ d'une seconde période, pendant laquelle le tiers détenteur, connaissant l'éviction qui le menace, doit compte des fruits perçus aux créanciers hypothécaires (1) en vertu de l'article 2176 C. C.

(1) Aubry et Rau, t. 3 § 287 p. 450.

10

La sommation a produit une immobilisation spéciale à l'encontre du tiers détenteur. En droit commun, cette immobilisation n'a lieu qu'à partir de la transcription de la saisie (art. 682 C. de pr.).

A raison de cette différence, M. Tarrible a cru à une antinomie entre le Code civil et le Code de procédure, et pour l'expliquer, il a dit que si les créanciers hypothécaires avaient droit aux fruits à partir de la sommation, ce droit leur était commun avec les créanciers chirographaires, parce que jusque la transcription de la saisie les fruits étaient meubles ; mais qu'à partir de la transcription, les fruits, devenus immeubles, étaient dévolus exclusivement aux créanciers hypothécaires.

C'est une erreur : il y a là deux cas différents d'immobilisation légale et il est nécessaire de les distinguer.

Mais, si dans la doctrine de la non résolution, le détenteur fait les fruits siens parce qu'il est propriétaire, il s'ensuit nécessairement que la réponse est différente dans la théorie de la résolution où le surenchéri est considéré comme n'ayant pas été propriétaire intérim.

On reconnaîtra toutefois que la solution sera loin d'être précise et que les partisans de la résolution sont fort embarrassés de savoir à qui accorder les fruits produits entre la première vente et l'adjudication.

C'est à ce sujet qu'apparaît une nouvelle dissidence dans la doctrine de la résolution, dissidence dont nous avons déjà dit quelques mots. Il s'agit de savoir si l'adjudicataire doit prendre, intérim, la place du tiers surenchéri, comme le veut la théorie de la *subrogation*, ou si, au contraire, c'est le vendeur primitif qui doit jouer le rôle de propriétaire intérimaire.

Quelle que soit la réponse il est bon d'observer ceci (1) « l'obligation de payer les intérêts est corrélative au » droit de garder les fruits, à cause de l'article 1652 » C. C. en sorte que celui qui devra les intérêts aura » droit aux fruits et vice versa. »

Dans une première opinion, l'adjudicataire est censé entrer en jouissance du jour où le vendeur primitif a été dessaisi par le contrat volontaire. C'est la théorie de la *subrogation*.

Les fruits intérimaires appartiennent à l'adjudicataire, à charge par lui de payer les intérêts de son prix du jour où le tiers évincé devait les intérêts du sien. De cette façon, la jouissance dans une vente ne prenant cours en général que du jour où le prix est payé ou productif d'intérêts, l'équité est satisfaite ; le vendeur touche les fruits jusqu'au jour où il a la jouissance du capital ; l'adjudicataire paie les intérêts de son prix à partir du jour où on lui accorde les fruits ; le tiers détenteur n'a pas les fruits, mais il n'a pas à payer d'intérêts.

Les arguments en faveur de cette opinion sont tirés des articles 2185 et 2187 C. C. et 836, 837, 838, C. de Pr.

Il résulte de ces articles que c'est l'acte d'aliénation

(1) R. Pétiet, op. cit. p. 139, n° 246.

volontaire qui sert de base aux enchères. D'où, conclut-on, l'adjudicataire a la jouissance du bien acquis et doit les intérêts du prix dès le jour qui a été choisi par le tiers détenteur et son vendeur pour l'entrée en jouissance.

Il faut alors admettre que l'acquéreur évincé a été, à son insu et même malgré lui, le mandataire de l'adjudicataire. On ne peut, en effet, expliquer cette théorie d'autre façon. Mais il n'y a pas moyen de faire intervenir ici un mandat tacite, pas plus qu'un mandat légal, et comme il est certain que le mandat n'est pas conventionnel, le fondement de cette théorie n'existe pas. De plus, la première vente et l'adjudication peuvent être séparées par un intervalle de temps considérable, si on impose à l'adjudicataire l'obligation de payer rétroactivement les intérêts, sauf à se faire rendre compte des fruits par le surenchéri, on rend impraticable et illusoire le droit de surenchère accordé aux créanciers inscrits.

Enfin, cette théorie aboutit en pratique à des difficultés sérieuses.

D'abord, l'adjudicataire doit, dit-on, les intérêts de son prix du jour où le tiers évincé devait les intérêts du sien. Mais les deux prix sont nécessairement différents puisque nous sommes dans l'hypothèse où il y a surenchère. Il est alors supérieur et on ne peut, sans iniquité, accorder ces intérêts, pour le tout, au vendeur originaire puisqu'ils ne représentent pas la perte de jouissance qu'il subit. Il faut alors distinguer, dans ces intérêts, la portion qui sera due au vendeur et

celle qui sera donnée à l'évincé puisque l'excédent du
prix lui appartient.

Tout un groupe d'auteurs repousse cette première
opinion et ne peut admettre que l'adjudicataire soit
subrogé au vendeur primitif.

C'est le droit commun de l'article 1652 C. C. qui doit
servir de guide. L'adjudicataire n'a droit aux fruits et
ne doit les intérêts qu'à partir de son entrée en possession, donc évidemment pas avant l'adjudication.

Mais les auteurs qui sont d'accord pour repousser la
subrogation se divisent sur le point de savoir quel est
l'effet de la réalisation de la condition résolutoire sur
les fruits perçus *pendente conditione*. Le surenchéri
peut-il conserver les fruits, à charge de payer les intérêts au vendeur, ou doit-il, au contraire, restituer les
fruits sauf à ne pas payer d'intérêt ou à les répéter
s'ils ont été versés ?

Une partie des adversaires de la *subrogation* applique
strictement l'article 1183 du Cod. Civ. aux termes
duquel l'évènement de la condition résolutoire opère
la révocation de l'obligation et remet les choses au
même état que si l'obligation n'avait pas existé. Pour
arriver à ce résultat, le tiers acquéreur dont le titre est
résolu, restitue les fruits de l'immeuble en nature ou
en équivalent à l'ancien propriétaire, mais il ne paie
pas d'intérêts ou il les répète.

C'est le plein exercice de la rétroactivité dans toute
sa rigueur. L'ancien propriétaire prend absolument,
intérim, la place du tiers surenchéri.

On ne fait en somme, dit-on, qu'appliquer le principe édicté par l'article 547 du Cod. Civ., puisque le vrai propriétaire est celui qui a été investi par l'évènement de la condition résolutoire.

Cette opinion a été adoptée par plusieurs arrêts (1).

Le second groupe des adversaires de la *subrogation* arrive aux mêmes conséquences que les partisans de la non-résolution. Les auteurs qui en font partie reconnaissent que l'équité réclame l'attribution des fruits à l'acquéreur évincé, et pour sacrifier à cette idée de justice, ils perdent de vue, sans vouloir l'avouer cependant, la base du système de la résolution, c'est-à-dire, l'existence de la condition résolutoire qui annule les droits du tiers surenchéri et partant tous les effets qu'ils ont pu produire.

Quels sont donc les arguments employés pour tourner la condition résolutoire, et décider que l'acquéreur surenchéri conserve toujours les fruits, sauf à payer les intérêts dans les cas où il n'a pas stipulé que son prix n'en produirait pas?

On se réclame d'abord de l'article 549 du Cod. Civ. qui attribue les fruits au possesseur de bonne foi, sans prendre garde qu'il ne s'agit ici, ni d'une question de bonne foi, ni d'une question de mauvaise foi, mais des effets de la résolution d'un titre de propriété, et que, d'ailleurs, le tiers évincé ne saurait invoquer cette qualité de possesseur de bonne foi pour prétendre

---

(1) Voir notamment : Cassat. 10 avril 1848 (S. 48, 1, 357).
Agen, 21 janvier 1852 (S. 52, 2, 618).
Paris, 1er juillet 1852 (S. 52, 2, 350).
Lyon, 27 décembre 1858 (S. 59, 2, 441).

aux fruits, puisqu'il connaît les vices de son titre.

On invoque ensuite l'équité (1) : *Eum sequi debent commoda quem sequuntur incommoda.* Il faut accorder au tiers détenteur les fruits intérimaires, en compensation de la responsabilité qui met à sa charge la perte et les détériorations de l'immeuble.

Malheureusement, on n'a pas pris soin de remarquer que lorsque l'immeuble sera détérioré, les créanciers hypothécaires se garderont bien de porter une surenchère. L'immeuble restant fixé au prix offert, la théorie de la rétroactivité n'aura pas lieu de se produire.

D'autres, invoquant l'article 1682 C. C., prétendent assimiler le tiers acquéreur à l'acheteur, dont le titre est rescindé pour cause de vileté du prix.

Mais l'argument n'est guère concluant, car cet article 1682 est exceptionnel et ne saurait être étendu.

Est-ce à dire que dans la théorie de la résolution rétroactive on ne puisse trouver un motif plausible pour attribuer les fruits au tiers évincé ?

Peut-être existe-t-il.

La condition résolutoire qui affecte dans cette théorie l'acquisition du tiers détenteur, malgré l'incertitude de sa réalisation, n'en contient pas moins, comme toute condition, un terme, puisqu'elle suppose un évènement futur. Or, le propriétaire à terme fait certainement les fruits siens. Il doit en être de même du tiers évincé.

D'ailleurs, si le tiers n'a pas été un possesseur de

---

(1) Raynald Peliet, op. cit., p. 144, n° 255.
Note sous l'*Arrêt de Cassation* 88, D. P. 88, 1, 337.

bonne foi, il a été un possesseur légitime, c'est-à-dire possédant en vertu de son droit de propriété et, comme la rétroactivité s'applique plutôt au droit qu'au fait, et que la possession autorisant la perception des fruits, est plutôt de fait que de droit, on est conduit à pouvoir attribuer les fruits au possesseur de bonne foi (1).

C'est ce principe que M. Demolombe (2) a résumé ainsi : « La rétroactivité qu'entraîne la condition » résolutoire est, en effet, une pure fiction qu'il faut » se garder d'appliquer d'une façon absolue et d'étendre » à tout. Cette fiction produit bien ses effets dans le » domaine du droit, mais elle n'a pas de prise sur ce » qui est désormais fait accompli. »

Tous ces embarras disparaissent si l'on adopte le système qui repousse la rétroactivité et met, sur le même rang, l'éviction à la suite de la surenchère du dixième et l'éviction résultant d'une expropriation, dirigée sur l'acquéreur volontaire lui-même ou sur un curateur.

Les fruits appartiennent au tiers évincé, puisqu'il a été propriétaire et que son titre d'acquisition n'est pas résolu.

Le tiers évincé doit compte de tous les fruits naturels perçus, et des fruits civils dans la proportion du nombre de jours qui se sont écoulés depuis la sommation ; mais à la condition que cette sommation soit précédée d'un commandement valablement fait au

---

(1) Voir *Arrêt de Cassat.*, 1888, D. P. 1888, 1, 337. Note de M. Glasson.
(2) T. XXV, nos 400 et suiv.

débiteur de la dette hypothécaire. Cette sommation serait périmée par un délai de trois ans.

Contrairement à ce qui se produit pour les instances ordinaires, le simple fait de laisser écouler le délai, emporte ici déchéance de plein droit. Si les poursuites ont, en effet, été abandonnées pendant trois ans, les fruits ne sont dûs qu'à compter du jour de la nouvelle sommation.

C'est une application de l'ancienne péremption d'instance par suspension de poursuites, qui existait dans notre ancien droit. Elle opérait de plein droit et pouvait être opposée comme exception.

Quant aux intérêts représentatifs des fruits, que le tiers détenteur pourrait devoir à son vendeur, les créanciers hypothécaires n'y ont un droit exclusif qu'à partir également de la sommation de payer ou de délaisser. Les intérêts courus jusqu'alors et qui seraient encore dus au vendeur, seraient, comme les fruits, le gage de tous les créanciers indistinctement.

A partir du moment où le tiers détenteur est comptable des fruits, il devient débiteur personnel des créanciers hypothécaires. Par conséquence de cette situation, la Cour d'Agen a jugé avec raison, que le tiers détenteur ne peut se dégager en cédant ses droits sur le fermier auquel il a loué l'immeuble hypothéqué (1).

Comment se répartissent les fruits restitués par le tiers détenteur ?

Les fruits sont dévolus aux créanciers hypothécaires,

(1) Agen, 29 juin 1849. (D. P, 1849, 2, 245).

non pas au marc-le-franc, mais dans l'ordre de leur inscription, en sorte que ce seront les créanciers qui n'ont pas été utilement colloqués sur le prix principal qui ont droit aux fruits.

Ce n'est là qu'une répartition qui fait suite à la première distribution du prix principal.

SECTION IV

DES DROITS ÉTEINTS PAR CONFUSION

Avant que le tiers ait eu la propriété de l'immeuble dont il est aujourd'hui évincé, il pouvait être titulaire d'autres droits réels sur ce même immeuble, tels que servitudes, usufruit, hypothèque.

L'exercice de ces droits a disparu lorsque le bien qui en était grevé est entré dans le patrimoine du tiers acquéreur. Ce dernier ne peut, en effet, avoir de droit réel utile sur une chose dont il a la toute propriété : *nemini res sua servit*.

L'article 2177 C. C. nous dit que la confusion qui s'est produite, lors de l'acquisition de la propriété, cesse après l'éviction. Les droits réels que le tiers détenteur avait sur le bien renaissent à son profit.

Il semblerait que le législateur envisage ici l'acquisition du tiers détenteur comme résolue rétroactivement, puisqu'il emploie le mot renaître et que cette expression ne se comprend que par la résolution rétroactive de la propriété de l'évincé. Cependant dans le même article, le législateur, s'inspirant de l'idée toute différente de la permanence des effets de l'acquisition du tiers évincé, décide que les hypothèques par lui consenties pendant la possession produiront leurs effets.

Le dessaisissement du tiers détenteur au profit de l'adjudicataire s'opère donc dans la seconde disposition de l'article 2177 C. C., sans effet rétroactif, puisqu'il dispose que les créanciers du tiers détenteur exerceront leur hypothèque à leur rang, après tous ceux qui sont inscrits du chef des précédents propriétaires.

Y aurait-il antinomie entre les deux dispositions de l'article 2177 ?

Les deux paragraphes de l'article 2177 ont ainsi paru contradictoires à M. Mourlon qui, pour les concilier, soutient que « cet effet (rétroactif) n'existe qu'au » regard des créanciers hypothécaires (du chef de l'alié- » nateur primitif) et dans la limite seulement de leur » intérêt. » (1)

Cette antinomie n'est cependant qu'apparente et les dispositiosn de l'article 2177 s'expliquent facilement sans contradiction.

La seconde disposition part évidemment du principe de la non-rétroactivité de l'annulation du contrat.

Le rétablissement des droits réels dont il est ques-

---

(1) Mourlon (*Traité théorique et pratique de la transcription*), t. 1, n° 84 et pp¹. p. 223.

tion dans la première disposition s'explique sans le secours d'une annulation résolutoire (1).

Il est, en effet, un point certain, c'est que la loi n'admet pas cette solution que l'on prétend tirer du premier paragraphe de l'article 2177, en cas de délaissement ou d'expropriation. Ensuite, il faut se rendre compte des faits suivants : Les droits possédés par le tiers détenteur, avant l'acquisition de la pleine propriété, ne peuvent s'exercer, non parce qu'ils sont précisément éteints, mais plutôt parce qu'ils sont paralysés. C'est un simple obstacle juridique qui s'oppose à ce que le tiers détenteur exerce sur une chose, un usufruit, ou puisse se prévaloir d'une servitude ou d'une hypothèque, alors qu'il est titulaire de la plénitude du droit de propriété. Cet obstacle disparu, c'est-à-dire, la pleine propriété ayant cessé de résider en sa personne, les droits jadis paralysés s'exercent librement.

Cette mesure d'équité en faveur du tiers détenteur, ne nuit en rien aux créanciers hypothécaires, puisqu'ils retrouvent l'immeuble avec les charges mêmes qui le grevaient quand leurs droits s'y sont établis.

C'est là le motif évident de l'article 2177-1° : la loi a voulu que les créanciers ne puissent poursuivre leur gage que tel qu'il existait entre les mains du débiteur. Les créanciers ne sauraient se prévaloir d'une confu-

---

(1) Sic : Troplong. *Priv. et hyp*. t. III n° 843.
Championnière et Rigaud, *Traité des droits d'enregistrement*, n° 2159.
Vernet, *Revue pratique*, 1865. t. 20 p. 126.

sion, qu'ils veulent précisément faire cesser, pour réclamer davantage.

Pour le cas de délaissement, ce n'est point à partir du jour où il a lieu que l'obstacle au libre exercice des droits éteints par confusion, disparaît entièrement. Le délaissement ne suffit pas ; il faut que le tiers détenteur soit exproprié. Ce n'est donc que lorsque l'adjudication est prononcée qu'il est possible d'exercer les droits jusque-là paralysés.

L'application de l'article 2177 nous montre que le propriétaire d'un immeuble peut avoir intérêt à renouveler, à son profit, et sur un de ses biens, les inscriptions qu'il avait originairement prises en qualité de simple créancier hypothécaire. Le droit d'exercer l'hypothèque qui vient de renaître par l'effet de l'article 2177 est, en effet, subordonné à sa conservation et partant au renouvellement des inscriptions (1).

De même l'usufruit, l'emphytéose et les servitudes réelles pourront à nouveau être exercés par le tiers évincé. Mais par une juste réciprocité, les servitudes au profit de l'immeuble adjugé sur saisie ou surenchère du dixième et dûs par les autres biens du tiers détenteur, renaîtront après l'adjudication, comme renaissent les servitudes grévant cet immeuble, au profit des autres biens de l'évincé.

Les partisans de la résolution ne veulent pas étendre l'application du premier alinéa de l'article 2177 C.C. au cas de purge. Nous avons cependant exposé plus

(1) Aubry et Rau, t. 3 § 280, p. 378.

haut les raisons qui militaient en faveur de cette extension et dont la principale est que toutes les faveurs que la loi accorde, en cas de saisie et de délaissement, doivent, à fortiori, s'appliquer au cas de purge.

Il suffit également de voir la conséquence à laquelle aboutit la résolution pour se rendre compte que ses partisans établissent une distinction arbitraire dans l'article 2177 C. C.

En somme, ils en arrivent à dire que la première partie de l'article 2177 C. C. est applicable à tous les cas d'éviction, même au cas de purge, mais que la seconde partie n'est plus applicable qu'aux évictions après saisie et délaissement.

Cette distinction arbitraire, établie dans l'article 2177 C. C., n'a aucun fondement. Elle ne s'explique que pour les besoins de la cause.

SECTION V

DES DROITS RÉELS CONCÉDÉS PAR LE TIERS DÉTENTEUR

On vient d'examiner les conséquences du premier alinéa de l'article 2177 C. C.

Dans la seconde partie de cet article, le législateur dispose que les créanciers personnels du tiers détenteur, après tous ceux qui sont inscrits sur les précédents propriétaires, exercent leur hypothèque à leur rang, sur l'immeuble délaissé ou adjugé.

Ce deuxième alinéa est une conséquence de ce principe que : tout propriétaire peut grever ses biens d'hypothèques, s'il a la capacité d'aliéner. Le tiers détenteur, malgré les sûretés accordées par les précédents propriétaires, conserve le droit de disposition. Il peut grever l'immeuble acquis de charges nouvelles, et ses créanciers hypothécaires pourront, d'après la loi, exercer leur hypothèque malgré l'éviction.

Leur inscription pourra se faire utilement jusqu'à la transcription du jugement d'adjudication. Antérieurement au 1er janvier 1856, époque à laquelle la loi du 23 mars 1855 est devenue exécutoire, l'inscription eût pu utilement s'effectuer dans la quinzaine de la transcription du jugement.

Quant au concours entre ces deux catégories de créanciers hypothécaires, il est réglé de la façon la plus équitable : les hypothèques consenties par les précédents propriétaires seront préférées aux hypothèques consenties par le tiers détenteur.

Ces dispositions sont d'une application facile, lorsque la vente elle-même arrête le cours des inscriptions. Il en est autrement si, après cette vente ou même sa transcription, les créanciers hypothécaires peuvent encore faire inscrire utilement les hypothèques consenties par le précédent propriétaire. Or, sous l'empire de l'article 834 du Code de procédure, il était permis de prendre inscription jusqu'à la transcription de la vente et même quinze jours après. Les créanciers hypothécaires d'un vendeur pouvaient donc, selon les cas, en s'inscrivant dans le délai de quinze jours, mais avant son écoulement, se prévaloir d'inscriptions de date postérieure, mais de rang préférable à celui des créanciers hypothécaires de l'acheteur.

La question de préférence qui s'agitait était, il est vrai, résolue différemment suivant les auteurs et avec de bonnes raisons de part et d'autre. Les uns, faisant valoir qu'entre créanciers hypothécaires le concours se règle par la date de l'inscription, donnaient la préférence aux créanciers du tiers détenteur.

D'autres tenaient pour les créanciers inscrits du chef du précédent propriétaire, en faisant remarquer que la date de l'inscription ne règle le concours qu'entre les créanciers hypothécaires d'un même constituant. Mais il en était autrement lorsque les hypothèques émanaient de différents propriétaires. En ce cas, celui qui achetait un immeuble grevé n'avait qu'un droit de propriété dont il ne connaissait pas immédiatement l'étendue. Il ne pouvait donc, de son chef, l'affecter à la garantie de créances nouvelles, que sous la réserve de droits conférés antérieurement et qui bénéficiaient d'un délai légal pour devenir opposables aux tiers.

La loi du 23 mars 1855, en abrogeant l'article 834 du Code de procédure, a dissipé tous ces embarras. En principe, la transcription de la vente arrête aujourd'hui l'inscription utile des créanciers hypothécaires du vendeur. Toute hypothèque qui n'a donc pas été inscrite au jour de la transcription du contrat de vente, est inopposable aux créanciers hypothécaires de l'acheteur.

Cette disposition de l'article 2177 peut avoir des applications pratiques fréquentes. Il faut, en effet, remarquer qu'en dehors des hypothèques conventionnelles, des hypothèques légales ou judiciaires, voire même des privilèges, ont pu, interim, s'asseoir sur l'immeuble. C'est même à cette classe de sûretés légales ou judiciaires, qu'on aura affaire le plus souvent. On peut supposer que le tiers détenteur, pendant sa possession, a fait certains actes nécessaires d'administration : par exemple des travaux urgents de réparation ou de réfection ; qu'il a employé des architectes, des entrepreneurs, des ouvriers et que ceux-ci se sont conformés aux formalités du double procès-verbal de l'article 2103 C. C. et de la double inscription de l'article 2110 C. C. Or, que résulte-t-il de ces circonstances ? C'est que les architectes, entrepreneurs et ouvriers ont acquis un privilège sur la plus value de l'immeuble (1).

En réalité l'adjudication prononcée sur le tiers détenteur va opérer deux purges, celle des hypthèques nées du chef du précédent propriétaire et celle des hypothèques nées du chef du tiers détenteur évincé (2). Seulement cette seconde purge a ceci de particulier que les créanciers ne sont pas liés à la revente, puisque l'acquéreur n'a pas dû leur adresser de notifications.

(1) La considération, que la doctrine de la résolution ne peut admettre logiquement ces privilèges et ces hypothèques, qui naissent cependant du chef du surenchéri en sa seule qualité de détenteur et d'administrateur, corrobore tous les arguments que nous avons présentés pour repousser la théorie de la résolution.

(2) *Revue critique*, t. XIX, p. 300 et *Revue pratique*, t. 52 p. 221.

En d'autres termes, pour les créanciers de l'évincé l'article 2177 purge le droit de suite et laisse subsister le droit de préférence, qui s'exerce sur le reliquat du prix d'adjudication (1).

Et ceci s'explique pour plusieurs raisons.

On se rappellera d'abord que l'esprit de la loi, en matière de surenchère, est que le jugement d'adjudication épuise tous les droits dont l'immeuble peut être l'objet (Cbn. art. 717 et 838 Pr.) et qu'ensuite il existe un principe, dont l'article 838 du Code procédure fait une application en matière de surenchère du dixième, c'est que surenchère sur surenchère ne vaut.

D'autre côté, on peut dire que les créanciers du tiers détenteur ne sauraient ignorer qu'ils ont hypothèque sur un bien grevé et qui doit être éventuellement purgé, partant s'ils ont connu cette situation on peut dire qu'ils l'ont acceptée.

On peut encore tirer argument d'analogie de ce qui se passe en matière de faillite. Les syndics qui font vendre les biens hypothéqués du failli n'adressent aucunes notifications aux créanciers inscrits. Or, ils peuvent, tout aussi bien que les créanciers du tiers acquéreur, ignorer la réalisation de leur gage. Cependant la Cour de Cassation décide (2) que l'adjudication purge toutes les hypothèques. Le *summum* du prix a été atteint. Le seul droit qui leur est laissé, est celui que leur accorde l'article 573 du Code de Commerce : la faculté de

---

(1) Aubry et Rau, t. III § 294.
(2) Cass. 3 août 1864, S. 64, 1, 384.
Cass. 13 août 1867, S. 67, 1, 390.

former surenchère du sixième dans le délai de quinze jours et d'après les formalités prescrites par les articles 708 et 709 du Code de Procédure.

Enfin, il faut admettre que l'adjudication purge toutes les hypothèques, sous peine d'aboutir à une impasse et de voir une purge qui ne finirait jamais. Si, en effet, l'adjudicataire doit recommencer une nouvelle purge pour affranchir l'immeuble, lors de cette nouvelle purge un créancier de l'acquéreur peut faire une surenchère et si, à la suite de cette surenchère, l'adjudicataire primitif est lui-même évincé, « le nouvel » adjudicataire se trouvera, vis-à-vis des créanciers » hypothécaires de l'adjudicataire précédent, exacte- » ment dans la même position où était celui-ci vis-à- » vis de l'acquéreur surenchéri et cet état de choses se » reproduira indéfiniment et nécessairement après » chaque adjudication » (1).

Quelle serait la valeur d'un usufruit consenti par le tiers détenteur ?

Beaucoup d'auteurs déclarent cet usufruit valable, en faisant remarquer que l'acquéreur volontaire conserve le droit de disposer, et que ce n'est pas la présence d'une ou plusieurs hypothèques qui peut amoindrir ou même effacer ce droit de disposition.

Il en est d'autres, cependant (2), à l'opinion desquels nous nous rallions, qui estiment que le tiers détenteur ne saurait constituer d'usufruit valable au regard des

(1) *Revue pratique* t. 52 p. 224.
(2) M. Vallas, *Cours de Code Civil* 1888-1889.

créanciers hypothécaires inscrits du chef du précédent propriétaire.

La raison en est que le tiers détenteur ne peut diminuer le gage des créanciers hypothécaires, sous peine de voir le bénéfice du terme perdu, et les créanciers en droit de réaliser leur gage. Le tiers détenteur ne saurait, par son fait, faire perdre le bénéfice du terme au débiteur principal.

Or, le créancier hypothécaire qui veut se faire payer doit intenter deux actions, l'une contre le tiers, détenteur de la nue propriété (après recours préalable contre le débiteur principal) l'autre contre le tiers détenteur de l'usufruit (1).

Ce dédoublement de la procédure, cette augmentation des formalités, est une atteinte au droit du créancier, qui, dans ces conditions peut saisir et faire vendre la pleine propriété de l'immeuble, sans tenir compte de la constitution de l'usufruit.

D'une façon générale, on ne pourra opposer aux créanciers hypothécaires aucun droit d'usufruit ou de servitude émané du tiers détenteur (2).

Comment les créanciers hypothécaires arriveront-ils à rendre ces constitutions inefficaces ?

Pour arriver à ce résultat, les créanciers, s'il s'agit d'usufruit, par exemple, feront insérer au cahier des charges de l'adjudication, une clause portant que

---

(1) On soutient également que le débiteur principal ne peut constituer d'usufruit valable au regard des créanciers hypothécaires, à cause de ce dédoublement de formalités.

(2) Aubry et Rau t. 3 .p. 453.

l'immeuble sera vendu comme franc et libre. Mais, comme il pourrait arriver dans la suite que le proprié- taire de l'héritage dominant soulève des difficultés à ce sujet, les créanciers agiront sagement en le prévenant de l'insertion de cette clause, et en le sommant d'inter- venir, s'il le juge convenable. (1)

Toutefois, une vente dans de telles conditions ne pourrait être autorisée que si les créanciers justifiaient d'un intérêt sérieux.

Une autre combinaison est également possible.

Ainsi, pour prendre le cas de servitude grevant le bien hypothéqué, le propriétaire du fonds dominant pourrait être admis à réclamer le maintien de la servitude à son profit, en offrant, sous caution, le paiement intégral des créances inscrites. Mais les créanciers sont libres d'accepter ou de refuser pure- ment et simplement, car le titulaire d'une servitude, chose qu'on ne peut vendre aux enchères, ne saurait purger. Il n'est pas tiers détenteur, car l'hypothèque porte sur le fond et non sur la servitude.

Quel est le sort de l'aliénation consentie interim ?

Il faut distinguer :

Le tiers détenteur jouit-il paisiblement de l'immeuble hypothéqué ? Ne s'est-il pas encore décidé à purger, ou les créanciers hypothécaires n'ont-ils pas encore ouvert les hostilités ? Le tiers détenteur peut valable- ment aliéner : il faut appliquer le droit commun de la loi du 23 mars 1855.

(1) Aubry et Rau, t. 3 p. 72, 2°.

Les hostilités sont-elles ouvertes ? Le tiers détenteur est privé du droit de disposition, à partir de la transcription de la saisie ou de la réquisition de surenchère (art. 838 Pr. cbn. avec art. 711 Pr.).

Il reste donc toute une série d'aliénations possibles, alors que la jouissance n'est plus paisible, c'est-à-dire, en cas de délaissement ou de saisie, celles qui ont pu se produire dans l'intervalle couru entre la sommation et la saisie, et, en cas de purge, celles qui ont pu se produire depuis cette même sommation, jusqu'au jour de la réquisition de surenchère.

Toutes ces aliénations sont valables si elles sont faites régulièrement et de bonne foi. Il en résulte que les créanciers seront quelquefois obligés de recommencer les premières formalités d'une purge déjà entamée. Ceci est évidemment fâcheux.

Mais cette considération est plus théorique que pratique, car en fait, il serait très-difficile, pour ne pas dire impossible, de trouver des cas où l'aliénation consentie par le tiers détenteur, sans bruit, presque au moment même des criées, ne soit pas entachée de mauvaise foi. L'acquéreur, s'il est prudent et sérieux, doit savoir que l'immeuble est grevé d'hypothèques, il a dû connaître les formalités préalables à la surenchère ou à la saisie. S'il a acheté quand même, on doit donc supposer la fraude.

Quelles sont les conséquences de l'éviction sur les baux consentis par le tiers évincé ?

Le principe en cette matière est que le tiers acquéreur possède l'administration du bien grevé. En conséquence, les baux qu'il a accordés devront être respectés par les créanciers hypothécaires, quelle que soit leur durée, et, par suite, quelque tort que ces mesures d'administration puissent causer aux créanciers hypothécaires (1).

Naturellement, il faut combiner cette solution avec l'adage *fraus omnia corrumpit*. Les créanciers hypothécaires pourront faire annuler les baux, s'ils prouvent la collusion frauduleuse entre l'évincé et les locataires.

Ces conséquences, on le comprend, sont changées si l'adjudication sur surenchère du dixième annule rétroactivement l'acquisition du tiers surenchéri. N'ayant jamais été propriétaire, le tiers surenchéri n'a pu utilement conférer d'hypothèque à qui que ce soit. La purge qui a été établie par la loi, en vue de favoriser la transmission des biens immeubles, comme dans le but d'assurer aux créanciers hypothécaires un moyen plus sûr, plus rapide et moins coûteux de réaliser leur garantie, produit, quand elle est exercée, des effets nuisibles aux créanciers hypothécaires, contraires au but de son institution.

Il dépend en effet du tiers détenteur de faire évanouir les droits qu'il a concédés, ou de les laisser subsister, en choisissant, lorsqu'il est sous le coup de l'action hypothécaire, tel parti plutôt que tel autre. S'il se

---

(1) La jurisprudence et certains auteurs sont cependant d'avis que le point de savoir si tel bail ne dépasse pas la limite des actes d'administration, est une question de fait que les magistrats apprécient. (Orléans, 10 janvier 1860, D. P. 60, 5, 374).

Tout ceci, naturellement, sous la réserve de la transcription, des baux de plus de 18 ans.

décide à délaisser ou à se laisser saisir, il est certain que les droits réels qu'il a consentis subsisteront. S'il purge, il court les chances d'une surenchère du dixième qui amènera leur résolution.

On ne peut admettre que le législateur ait entendu laisser une telle latitude au tiers détenteur, et il suffit, pour éviter cette conséquence, d'admettre l'assimilation de l'éviction après purge avec l'éviction après expropriation sur saisie.

Cette assimilation que le Code ne prévoit pas, doit cependant être établie.

Sans vouloir nous exposer à des redites, nous ferons seulement remarquer que, si l'article 2177 C. C. dans ses deux dispositions et l'article 2178 C. C., ne sont pas reproduits au chapitre VIII, qui traite de la purge, il est cependant légitime et nécessaire d'en étendre l'application au cas où le tiers surenchéri est évincé par surenchère du dixième. On peut mettre cette omission sur le compte d'un oubli du législateur, si l'on ne préfère dire qu'il a considéré les solutions données au cas d'expropriation et de délaissement, comme devant s'appliquer à fortiori au cas de purge.

Mais, si les partisans de la résolution n'ont pas à s'inquiéter des droits réels concédés, interim par le tiers détenteur, ni à se demander comment l'adjudicataire arrive à s'en débarrasser, ils ont à s'occuper de toute une série de droits réels qui forment la contre-partie de ceux que le tiers évincé a pu consentir : ce sont les droits réels concédés, interim, par l'aliénateur primitif.

Nous étudierons ici les différentes questions qui s'élèvent à ce sujet, quoiqu'elles ne rentrent pas sous la rubrique de notre section, parceque la situation de l'aliénateur primitif envisagée sous cet aspect, forme le pendant de celle du tiers évincé. C'est l'aliénateur primitif qui remplace le tiers évincé, tout au moins pour certains partisans de la résolution.

Tout d'abord, en ce qui concerne les privilèges et hypothèques, les partisans de la résolution se défendent d'aboutir à une conséquence bien inique en ne respectant pas les sûretés que le tiers surenchéri a pu établir interim.

Puisque l'article 2177 2° équivaut à une purge, les créanciers qui tiennent leur hypothèque du surenchéri ne conservent qu'un droit de préférence sur le prix de l'immeuble. Or, ce droit est d'une utilité bien problématique, parce que la surenchère du dixième a poussé le plus souvent le prix au maximum qu'il pouvait atteindre ; et si on a surenchéri, c'est que le prix offert était insuffisant. Or, si le prix offert, plus le dixième, n'est pas absorbé par les créanciers hypothécaires du vendeur, il reste un excédent bien minime pour les créanciers hypothécaires du surenchéri.

Débarrassés de l'objection d'équité qu'on leur oppose, les partisans de la résolution s'empressent de déclarer valables les privilèges et hypothèques concédés par l'aliénateur primitif.

Toutefois, intervient encore ici cette scission de la doctrine de la résolution, en partisans ou adversaires de la *subrogation*.

Ceux qui veulent que l'adjudicataire soit *subrogé* au tiers surenchéri, n'admettent de privilèges et d'hypothèques valables du chef de l'aliénateur primitif, que jusqu'au jour de la transcription du contrat d'acquisition volontaire. C'est qu'en effet, nous dit Grenier (1), la propriété passe à l'adjudicataire, non pas à titre d'acquisition, mais à titre de *subrogation* à la place de l'acquéreur.

En conséquence, l'adjudicataire acquiert l'immeuble absolument dégrevé. Il n'a pas besoin de procéder à une nouvelle purge. Les hypothèques inscrites du chef du précédent propriétaire sont purgées par l'adjudication ; celles inscrites du chef du tiers surenchéri, sont annulées puisque son titre est résolu.

Mais il en est, nous le savons, qui d'admettent pas la théorie de la *subrogation*. A leurs yeux, ce n'est point l'adjudicataire qui est censé avoir été propriétaire, interim, c'est le vendeur primitif. D'ailleurs, disent-ils, aux partisans de la *subrogation*, quel effet voulez-vous voir produire à une transcription qui n'a plus d'objet puisque la vente est résolue ? L'adjudicaiaire n'est pas l'ayant-cause du surenchéri, et partant, il ne saurait opposer aux créanciers leur défaut d'inscription avant la transcription de la première vente. La *subrogation* ne peut se soutenir : il faut admettre que nonobstant la transcription du contrat volontaire, les créanciers de l'aliénateur peuvent inscrire éventuellement leurs hypothèques.

(1) *Traité des hypothèques*, t. II, n° 472, p. 388.

Est-ce à dire pour cela que l'adjudicataire soit tenu de procéder à une nouvelle purge ?

C'est ce qu'a jugé un arrêt de la Cour de Paris du 3 avril 1872 ; mais c'est, a-t-on dit, aller trop loin ; c'est exagérer la fiction de la résolution.

En effet, la purge effectuée par le tiers acquéreur, opère non seulement à l'égard des créanciers inscrits jusqu'au jour de la transcription du contrat volontaire, mais même à l'égard des créanciers inscrits jusqu'au jour de la transcription du jugement.

Et ceci se comprend, nous dit-on, car tant que la condition résolutoire n'est pas réalisée, le tiers surenchéri reste propriétaire, et, en cette qualité, il a le droit de purger une propriété conditionnelle. (1)

Mais doit-il adresser des notifications à ces créanciers, et, si on ne le lui impose pas, est-ce que la charge de prévenir ces créanciers inscrits interim incombe à l'adjudicataire ? Faut-il que ces créanciers soient liés à la procédure de l'ordre, pour que le paiement, par l'adjudicataire, affranchisse l'immeuble à leur égard ?

On ne saurait pratiquement le décider. Il n'est pas nécessaire que les créanciers soient liés à la revente, ni que le tiers surenchéri, ou l'adjudicataire leur adressent des notifications.

(1) On ne prend pas garde qu'il ne s'agit pas de savoir si le tiers détenteur peut ou non purger ces hypothèques, mais d'établir, au préalable, la validité de ces hypothèques au regard du tiers détenteur. On considère ce dernier comme propriétaire, puisqu'il peut purger, et concurremment avec lui, on regarde l'aliénateur primitif comme propriétaire, puisqu'il peut concéder des hypothèques. Il y a deux propriétaires pour un même bien, pendant une même période.

Pour justifier cette solution, on met à la charge des créanciers hypothécaires, les conséquences, ou plutôt l'inconséquence à laquelle on est obligé d'aboutir.

Tout d'abord, les créanciers inscrits interim, avaient-ils acquis leur hypothèque avant la première transcription, on leur dit qu'ils sont responsables du peu d'empressement qu'ils ont mis à l'inscrire. S'ils s'étaient pressés, ils eussent eu une hypothèque valablement inscrite avant la première transcription.

Les créanciers ont-ils acquis leur hypothèque après la première transcription, ils savent, par l'existence de cette formalité, qu'ils ne possèdent qu'une hypothèque éventuelle. Qu'ils surveillent la revente et activent les enchères, mais qu'ils ne se plaignent pas. (1)

Mais que décider pour l'aliénation de l'immeuble consentie et publiée avant la transcription du jugement d'adjudication ?

Il semble que dans la théorie de la résolution, la conclusion s'impose.

Le tiers acquéreur ne pourra se prévaloir de son acquisition à l'égard de l'adjudicataire, ou invoquer le défaut de transcription. L'adjudicataire est, en effet, en droit de lui dire : « Vous avez traité avec un propriétaire sous condition suspensive, mais la condition qui devait le rendre propriétaire rétroactivement, était précisément l'évènement qui devait, pour l'avenir, m'investir de la propriété : il ne pouvait redevenir

(1) Raynald Petiet, op. citat. p. 154 n° 268.

propriétaire que pour cesser immédiatement de l'être
à mon profit. » (1)

M. Petiet, (2) pour arriver au même résultat,
préfère user, cependant, d'un autre argument. On
devrait, nous dit-il, étendre ici l'idée que le législateur a consacrée pour la transcription d'une saisie,
dans l'article 686 du Code de procédure, en distin-
guant entre les constitutions de droits réels accessoires
et les constitutions de droits principaux.

Les hypothèques inscrites interim ne font pas tort
aux créanciers inscrits du chef de l'aliénateur primitif,
puisqu'il faut que tous ces derniers soient désintéressés pour que les hypothèques intérimaires viennent
en ordre utile. On les laissera donc subsister.

Mais les constitutions de droits réels principaux, les
aliénations, froissent gravement les intérêts des créanciers du veudeur, en ce que, si ces droits leur sont
opposables après publication, ces créanciers sont
obligés de recommencer une nouvelle purge sur de
nouveaux frais, lorsque le tiers surenchéri a aliéné l'immeuble interim.

La constitution de droits réels principaux, l'aliénation consentie par le tiers surenchéri, ne seront donc
pas opposables aux créanciers, même après transcription.

---

(1) Vernet, *Revue pratique*, t. XX p. 147.
(2) Op. cit. p 155.

SECTION VI

DE L'ACTION EN GARANTIE

L'article 2178 C. C. envisageant différents cas qui peuvent se présenter dans l'exercice de l'action hypothécaire décide que l'évincé a un recours en garantie tel que le droit contre le débiteur principal.

Nous n'avons pas à nous occuper du cas où, dans la purge, le tiers acquéreur a payé la dette hypothécaire. On comprend alors l'existence de ce recours. Mais, comme il n'y a pas éviction, l'étude de la garantie dans cette hypothèse sort de notre sujet.

Dans cet article 2178, la loi dispose d'une façon générale pour les trois partis que peut prendre le tiers détenteur contre lequel le droit de suite est exercé. Elle édicte le principe du recours contre le débiteur principal, qui différera suivant la nature du titre en vertu duquel le tiers détenteur est devenu propriétaire: donation, partage, vente.

En principe, la garantie n'est pas due lorsque l'acquisition du tiers détenteur est à titre gratuit. La loi n'accorde, en effet, la garantie dans les contrats à titre onéreux que par interprétation de la volonté des parties; or, le donateur qui se dépouille de son bien en faveur du donataire, sans compensation, on le suppose, n'entend donner la chose que telle qu'il la possède; il n'entend pas être tenu à garantie.

Est-ce à dire que le donataire qui aurait payé une partie des créanciers hypothécaires de son auteur et qui se serait vu évincé par l'autre partie, n'aurait aucun recours contre le donateur ?

A défaut d'action en garantie, il faut accorder au donataire, une action personnelle en répétition des sommes payées pour le donateur, basée sur la *versio in rem*.

L'action de *in rem verso* est moins avantageuse que l'action en garantie ; tandis que cette dernière permet de réclamer, outre les déboursés, des dommages-intérêts, l'action personnelle ne permet de réclamer, au maximum, que ce qui est sorti de votre patrimoine.

Par exception, la garantie sera due dans les contrats de bienfaisance :

1° Lorsque le donateur s'y est engagé, par une clause spéciale.

2° Lorsque la donation ayant pour objet un bien déterminé, quant à son espèce seulement (le donateur a donné, par exemple, une maison à prendre parmi ses biens), le donataire est évincé de la chose qui lui a été livrée. La garantie résulte alors de l'inexécution de l'obligation de délivrance : le donateur s'était engagé à rendre le donataire propriétaire, il se trouve n'avoir pas rempli son obligation ; il doit la garantie.

3° Enfin, la garantie est due en matière de constitution de dot (art. 1440 et 1547 C. C.).

Pour expliquer le fondement de la garantie, dans ce cas, point n'est besoin d'envisager la constitution de dot comme un contrat à titre onéreux, il suffit de supposer une convention tacite de garantie qui est très-vraisemblable. Les parties qui ont consenti au mariage, ont eu en vue la dot constituée par le donataire ; elles ont compté qu'on leur assurait un avantage certain ; elles seraient leurrées si la dot pouvait disparaître sans que le recours en garantie existât.

Par exception, la garantie ne serait pas due, si elle était écartée par une clause expresse.

Les cas les plus fréquents de garantie se rencontrent lorsque le titre d'acquisition du tiers détenteur est un contrat commutatif ou à titre onéreux : vente, échange, partage.

C'est surtout à leur propos que l'étude de la garantie présente son utilité.

La garantie est, si l'on peut ainsi parler, une délivrance qui se continue tous les jours.

La garantie qui, sous forme d'exception, permet de repousser les atteintes du créancier hypothécaire tenu de cette obligation *(quem de evictione tenet actio eumdem agentem repellit exceptio)*, sous forme d'action, autorise l'acquéreur à réclamer le secours de son vendeur. Il le sommera de venir le défendre contre l'attaque dont il est l'objet afin de le maintenir en jouissance. La garantie consiste donc à mettre quelqu'un à l'abri, du préjudice soit en l'empêchant de s'accomplir, soit en le réparant lorsqu'il est souffert.

Aux termes de l'article 1625 du Code Civil, le vendeur doit garantie de l'éviction et des troubles dans la jouissance, quand la cause est antérieure à la vente. Toutefois, la garantie serait encore due pour l'éviction ou les troubles subis qui auraient une cause postérieure à la vente, si on pouvait accuser le vendeur d'en être responsable par ses faits personnels (art. 1628 C. C.).

La garantie peut donc se définir : l'obligation de procurer à une personne la jouissance paisible et utile des droits que nous lui avons cédés.

A partir de quel moment, l'exercice de l'action hypothécaire, par les créanciers, donne-t-elle lieu au recours en garantie ?

A partir de la sommation de payer ou délaisser.

Le législateur nous dit lui-même que le tiers détenteur qui a délaissé, possède le recours en garantie. Le tiers détenteur qui délaisse, n'abandonne cependant que la détention, sans perdre la propriété ; il n'est ni évincé, ni certain de subir l'éviction, car, il peut se raviser et les créanciers peuvent se désister. Ce n'est qu'après le prononcer de l'adjudication sur délaissement, que l'éviction sera subie.

Néanmoins, le recours en garantie existe dès le délaissement, et même plus généralement dès la la sommation de payer ou de délaisser. A partir de ce moment, en effet, l'acquéreur est troublé dans sa paisible jouissance. Le vendeur doit le garantir, c'est-à-dire, prendre sa défense contre les créanciers hypothécaires.

La Cour de Pau (1) a réformé, à bon droit, un jugement qui niait l'existence de ce recours, parce

(1) 10 avril 1840, Dalloz v. vente n° 854.

l'éviction n'était pas subie. Si les juges n'ont pas, à ce moment, les éléments suffisants pour statuer sur les dommages-intérêts, il suffit de surseoir jusqu'à l'adjudication. Mais ce sursis n'implique nullement la non-recevabilité de l'action dès, que le trouble est éprouvé.

L'obligation de garantie, qui est de droit lorsque les parties s'abstiennent d'en parler, peut être restreinte (art. 1627 C. C.) ou écartée complètement (1628 et 1629 C. C.). Mais, même dans ce dernier cas, le vendeur reste soumis à la garantie de ses faits personnels.

On s'est demandé si le vendeur doit garantie lorsque la cause de l'éviction consiste dans des hypothèques existant, soit de son chef, soit du chef d'un précédent propriétaire? L'acheteur qui a connaissance de ces hypothèques peut-il, outre la restitution du prix, réclamer des dommages-intérêts?

Troplong (1) distingue, si le vendeur est personnellement obligé au paiement de la dette hypothécaire, la garantie existe, sauf dans le cas où le vendeur aurait déclaré, dans le contrat, l'existence des charges hypothécaires.

Si le vendeur n'est pas personnellement obligé au paiement de la dette hypothécaire, il ne peut plus être tenu de payer des dommages-intérêts, peu importe qu'il y ait eu ou non déclaration des charges dans le contrat. Il suffit que l'acheteur ait eu connaissance des

(1) Vente, t. 1 n° 416 et 417.

charges d'une facon quelconque, pour que le vendeur soit libéré.

M. Duranton (1) déclare que si la dette hypothécaire est personnelle au vendeur, même la déclaration de cette hypothèque faite dans le contrat ne le décharge pas de la garantie.

Mais si la dette ne concerne pas le vendeur, la connaissance chez l'acheteur du danger de l'éviction ne fait disparaître que l'obligation aux dommages-intérêts; et si la connaissance de l'acheteur résulte d'une déclaration du vendeur dans le contrat, cette déclaration le libère même de la restitution du prix.

Cette conséquence est véritablement inadmissible, la déclaration que le bien vendu est grevé d'hypothèques ne saurait être assimilée à l'insertion d'une clause de non garantie expresse. Cette déclaration écarte le recours en dommages-intérêts, mais non en restitution du prix.

Enfin, pour MM. Aubry et Rau (2), à l'opinion desquels nous nous rallions, le vendeur n'est affranchi de la garantie qu'autant qu'il a expressément déclaré les hypothèques.

La connaissance que l'acheteur peut avoir eue des hypothèques qui grevaient l'immeuble, ne suffit pas pour prouver qu'il ait voulu renoncer à la garantie. Par cela même que le vendeur n'a pas expressément déclaré ces hypothèques, l'acheteur a pu et a dû supposer

(1) T. XVI n° 261.
(2) T. 4 p. 382 et 383 notes 50 et 51 et les références citées.

que ce dernier prendrait des arrangements pour dégrever l'immeuble.

Qui peut exercer la garantie ?

La garantie peut être exercée non-seulement par celui même qui a été évincé, mais encore par tous ses successeurs *in universum jus*.

Pour savoir contre qui la garantie peut être exercée, il faut distinguer.

S'agit-il d'une vente ? L'acheteur pourra exercer la garantie contre son vendeur et ses ayant-cause universels et à titre universel.

S'agit-il d'un partage de succession ? L'article 885 C. C. nous donne la réponse en disant que les cohéritiers demeurent respectivement garants, les uns envers les autres, des troubles et évictions qui procèdent d'une cause antérieure au partage, et chacun dans la mesure de sa part héréditaire (1).

Les conditions pour qu'il y ait lieu à garantie, en matière de partage, sont analogues à celles qui sont exigées en matière de vente.

Il faut que l'un des co-partageants ait subi une éviction ou au moins un trouble ;

Que l'éviction ou le trouble procède d'une cause antérieure au partage ;

Que l'espèce d'éviction soufferte n'ait pas été

---

(1) La créance de garantie que se doivent les co-partageants est fortifiée par le privilège de l'article 2103, 3° C. C. Le privilège porte sur les immeubles attribués par le partage à chacun des consorts de l'évincé ; mais il ne peut être exercé sur les immeubles de chaque lot que dans la mesure de l'action personnelle, dont le privilège n'est qu'un accessoire.

exceptée par une clause particulière et expresse de
l'acte de partage ;

Qu'enfin l'éviction soufferte ne résulte pas de la
faute ou du fait du co-héritier évincé.

S'agit-il d'un partage de société ?

L'évincé pourra recourir contre chacun de ses co-
associés comme s'il s'agissait d'un partage de succession (art. 1872 C. C.). La loi assimile à ce point de vue
le partage de société au partage de succession.

L'action en garantie s'exerce par voie principale et
par voie incidente, (art. 175 C. de Pr.).

La garantie s'exerce par voie principale, lorsque
l'acheteur ayant succombé, après avoir défendu seul
à l'action hypothécaire dirigée contre lui, se retourne
contre son vendeur, en suivant la procédure ordinaire
des actions personnelles.

Elle s'exerce par voie incidente, lorsque l'acheteur
met en cause son garant et ne se borne pas à défendre
seul à la demande des créanciers hypothécaires.

La voie incidente est plus avantageuse que la voie
principale ; car, elle permet d'éviter l'article 1640 du
Code civil aux termes duquel « La garantie pour cause
» d'éviction cesse, lorsque l'acquéreur s'est laissé
» condamner par un jugement en dernier ressort ou
» dont l'appel n'est plus recevable, sans appeler son
» vendeur, si celui-ci prouve qu'il existait des moyens
» suffisants pour faire rejeter la demande. »

Quel est l'objet de la condamnation sur l'action en
garantie ?

Il faut distinguer suivant que l'éviction est totale ou partielle.

Si l'éviction est totale, l'évincé pourra réclamer la restitution du prix, puisque le contrat est résilié (art. 1184 C. C.), et le paiement de dommages intérêts. Ces dommages intérêts comprendront :

1° La valeur des fruits que l'évincé a été obligé de restituer, mais à condition que le prix ait été payé au vendeur.

2° La valeur de la plus-value de l'immeuble qui excède les dépenses et qu'il n'a pu prélever sur le prix attribué aux créanciers hypothécaires.

3° Pour les tiers acquéreurs, évincés à la suite d'une saisie, qui ne peuvent invoquer l'article 2188 du Code civil, les restitutions des frais de contrat énumérés par cet article.

4° La somme formant la différence entre le prix de vente et le montant des créances remboursées.

5° Enfin, une somme estimative représentant l'intérêt que le tiers acquéreur pouvait avoir de ne pas subir l'éviction.

Comme les intérêts ne courent pas de plein droit, en principe, on ne peut étendre ici la disposition de l'article 2191 C. C., écrite pour le tiers détenteur qui se rend adjudicataire et aux termes duquel l'évincé a droit aux intérêts de l'excédent de prix qu'il a dû débourser, à compter du jour de chaque paiement.

Le tiers acquéreur devra donc faire sommation à son vendeur pour faire courir les intérêts.

Pour qu'il y ait éviction partielle, il faut supposer

que celui qui a vendu au tiers détenteur a constitué l'hypothèque, alors qu'il n'était propriétaire que d'une portion du bien vendu. Devenu ensuite propriétaire de l'autre portion du même bien, il l'a laissée libre, puis il a vendu le tout au tiers détenteur et celui-ci s'est vu exproprier partiellement par les créanciers hypothécaires.

Dans ce cas, le premier chef de l'action en garantie, relatif à la restitution du prix disparaît complètement. Il n'existe qu'un droit à des dommages-intérêts, calculés toujours et uniquement sur la valeur dont le tiers acquéreur est privé par l'éviction.

Ainsi, le bien vaut 100 au jour de la vente ; l'acquéreur subit une éviction de moitié sur ce bien qui avait augmenté de valeur dans la proportion de 20. On accordera au tiers évincé 60.

Le bien avait-il diminué de valeur au moment de l'éviction et ne valait-il plus que 80 ; on lui accordera 40.

Troplong accepte cette façon de calculer, attendu les termes formels de l'article 1637, mais il accuse le législateur de distraction.

D'autres auteurs distinguent entre l'éviction *pro diviso*, auquel cas seulement s'appliquerait l'article 1637, et l'éviction *pro indiviso* pour laquelle on accorde les deux chefs de restitution en garantie : restitution du prix pour la portion indivise dont l'acheteur est dépossédé, et dommages-intérêts.

Ainsi, l'éviction est-elle du quart de la contenance totale, l'action sera donnée pour le quart du prix qui a été payé. Voilà ce qui est restitué. Les dommages-intérêts seront dûs pour répéter la plus-value, si elle existe.

On évite ainsi en partie le défaut de concordance entre le cas d'éviction totale où le tiers acquéreur a droit à la restitution de la totalité du prix, quelle que soit la diminution de valeur lors de l'éviction, et le cas d'éviction partielle où l'évincé subit la diminution de valeur.

Il faut repousser cette distinction qui existait dans notre ancien Droit, et qui est purement arbitraire aujourd'hui, et reconnaître qu'il y a là une *inelegantia juris*, mais se soumettre à l'article 1637.

On a prétendu, mais à tort, que l'article 1637 se justifiait logiquement. Quand l'éviction est totale, a-t-on dit, d'après l'article 1184 C. C., le contrat est résolu. Le prix entier doit donc être restitué, puisqu'il a été versé sans cause entre les mains du vendeur. Mais que l'acheteur conserve une parcelle de la chose, le contrat subsiste ; le paiement du prix a donc eu une cause et le fondement de la répétition disparaît. Il n'y a place que pour des dommages-intérêts.

Qui ne voit que si le prix se trouve sans cause entre les mains du vendeur, pour le tout quand l'acheteur est évincé de la totalité, il s'y trouve sans cause pour la moitié quand l'acheteur est évincé pour la moitié ; il devrait donc y avoir lieu à restitution pour la moitié du prix.

Enfin, en vertu de l'article 1636 C. C., il existe un dernier droit au profit de l'acquéreur évincé partiellement, c'est de demander la résiliation de la vente, si la partie, dont il est évincé, est d'une importance telle relativement au tout, qu'il n'eût point acheté, sans la partie dont il a été évincé.

Concurremment avec l'action en garantie, il peut exister en certains cas, au profit de l'évincé, dont l'acquisition est cependant à titre onéreux, une action personnelle, analogue à celle qui existe au profit de l'acquéreur à titre gratuit.

Il faut pour cela supposer que le vendeur ne réunit pas sur sa tête les qualités de propriétaire et de débiteur principal : telle est, par exemple, la caution réelle ou le tiers détenteur.

Si le tiers, aujourd'hui évincé, a pour vendeur une caution réelle, il pourra recourir en garantie contre son vendeur et exercer une action personnelle de gestion d'affaires contre le débiteur principal, dont il a payé la dette. Naturellement, le bénéfice résultant de ces deux actions ne peut être cumulé. Si l'un des deux recours suffit à désintéresser entièrement l'évincé, il n'a plus le droit d'exercer l'autre. S'il n'a été désintéressé qu'en partie, il pourra, par le second recours, se faire payer le reliquat de sa créance.

Section VII

DU RECOURS CONTRE L'ADJUDICATAIRE

Le tiers acquéreur, à la suite de l'éviction, se trouve avoir fait des frais inutiles pour l'établissement, à son profit, d'un droit de propriété. L'article 2188 C. C. dispose que l'adjudicataire sur surenchère du dixième est tenu de rembourser à l'acquéreur dépossédé, en sus de son prix d'acquisition, les frais et loyaux coûts de son contrat, ceux de la transcription sur les registres du conservateur, ceux de notification et ceux faits pour parvenir à la revente.

L'article 2188 C. C. sur la restitution des frais et loyaux coûts du contrat, doit-il s'appliquer au tiers détenteur qui est évincé à la suite de délaissement ou de saisie ?

Certains auteurs le prétendent, en faisant valoir qu'il n'y a aucun motif rationnel de refuser ce bénéfice au tiers détenteur évincé à la suite d'une saisie. Le législateur a écrit l'article 2188 du Code civil pour ne point laisser supporter, par l'acquéreur évincé, les frais et loyaux coûts du contrat. Il a voulu mettre à la charge de l'adjudicataire, des frais que le vendeur originaire n'aurait pu restituer.

Les raisons qui ont fait supposer l'insolvabilité du vendeur, au cas où l'acquéreur purge, existent également quand l'acquéreur est saisi.

On ne voit pas trop pourquoi les créanciers hypothécaires supporteraient en définitive, les restitutions de l'article 2188 C. C., au cas de purge, tandis qu'ils n'auraient pas à les supporter en cas de saisie.

Il faut, cependant, répondre par la négative.

D'abord, de la place qu'occupe l'article 2188 C. C., dans un chapitre exclusivement réservé à la purge, on pourrait inférer qu'il n'est pas applicable au cas de délaissement et de saisie, d'autant plus que s'il convient d'étendre par à fortiori les textes sur la saisie ou le délaissement à la purge, à cause de la faveur dont le législateur a entouré l'acquéreur qui recourt à cette formalité, les mêmes raisons n'existent pas d'appliquer, par analogie, l'article 2188 au cas de saisie et de délaissement.

Si l'on veut bien ensuite se rappeler l'interprétation qui a été donnée de l'article 2188 C. C., on verra que les motifs qui ont poussé le législateur à écrire cette disposition, ne se montrent pas ici, ou tout au moins, pas avec une aussi grande force.

L'article 2188 C. C. a été écrit dans le but de mettre les restitutions qui y sont énumérées à la charge de l'adjudicataire par exception au droit commun de l'article 1652 C. C. Cette obligation a été imposée à l'adjudicataire pour permettre à l'acquéreur d'un immeuble hypothéqué de purger, ce à quoi il ne se résoudrait probablement pas si, d'après la règle ordinaire, il devait, après éviction, recourir contre le débiteur principal, insolvable presque toujours, pour répéter les frais et loyaux coûts du contrat.

Or la loi, qui excite les acquéreurs de biens grevés à les purger des charges qui les accablent, qui voit avec faveur les acquéreurs recourir à la purge et offrir une somme liquide aux créanciers, qui considère comme diligents ceux qui usent de ces formalités, n'a évidemment pas autant de bienveillance pour celui qui oppose aux créanciers hypothécaires une inertie complète ou qui se dérobe par la fuite. Elle laisse le droit commun applicable à celui qui délaisse ou se laisse personnellement saisir.

On ne peut donc dire qu'il y ait injustice à n'appliquer l'article 2188 C. C. qu'à l'acquéreur qui purge. Celui qui délaisse ou attend la saisie a son action en garantie pour répéter les frais et loyaux coûts du contrat. Au lieu de recourir contre l'adjudicataire il recourra contre le vendeur. Il est vrai que les deux recours ne sont pas d'égale efficacité, mais il n'a qu'à s'en prendre à lui de n'avoir pas purgé.

D'ailleurs, peut-on ajouter, si le remboursement de l'article 2188 C. C. peut être considéré comme une obligation inhérente à la façon d'acquérir sur surenchère, on n'en peut dire autant quand l'adjudication suit une saisie. Il n'y a pas là une procédure d'ensemble comme dans l'acquisition par adjudication après surenchère. Ce n'est pas une charge qui dérive du mode spécial d'acquisition.

L'adjudicataire doit rembourser les frais de 2188 C. C. en sus de son prix, ce qui assure, tout au moins, aux créanciers hypothécaires le prix qui leur a été offert, plus un dixième.

Si ces frais étaient prélevés sur le prix et qu'aucune nouvelle enchère ne fut faite, ils pourraient absorber la valeur du dixième du prix mis en sus. La surenchère n'aurait été d'aucune utilité.

Il est vrai que l'adjudicataire a dû prévoir ces charges et diminuer d'autant son prix. Mais une augmentation du dixième est tout au moins assurée. C'est là un bénéfice qu'on ne peut enlever aux créanciers hypothécaires.

SECTION VIII

DE LA SUBROGATION

Dans les hypothèses qui se présenteront le plus fréquemment le tiers évincé n'aura pas droit au bénéfice de la subrogation.

On ne saurait, en effet, accorder ce bénéfice au tiers détenteur qui a refusé de se rendre à la sommation des créanciers hypothécaires et dont l'immeuble a été adjugé à un étranger. Le tiers évincé ne peut dire que c'est lui qui paie les créanciers hypothécaires et fonder sur ce paiement un droit à la subrogation (1), puisque c'est précisément parce qu'il refuse de payer, que les créanciers l'exproprient. Nous ne sommes pas dans les

(1) On pourrait, peut être, prétendre qu'en somme le paiement a lieu aux dépens du tiers évincé et que cela suffit à motiver la subrogation. Il est mieux cependant d'interpréter restrictivement l'article 1251 C. C. — La Cour de Cassation est d'ailleurs de cet avis. Dans un arrêt du 11 juillet 1889 (S. 90, 1, 97), elle a refusé de reconnaître l'existence de la subrogation légale dans un cas où, celui qui voulait s'en prévaloir, (dans l'espèce le Crédit Foncier. — Arrêt, Arrazat), au lieu de payer directement les créanciers inscrits, avait simplement avancé l'argent entre les mains du notaire du débiteur en vue de rembourser les créanciers. Ce n'était pas le cas précis de la subrogation légale, et, pour que la subrogation conventionnelle pût exister, il eût fallu, dit la Cour, les formalités de l'article 1250 C. C.

termes de l'article 1251 C. C. Celui qui, dans ce cas, emploie son prix à désintéresser les créanciers hypothécaires, c'est précisément le nouvel adjudicataire.

Il serait d'ailleurs curieux de voir que le tiers détenteur, après n'avoir pas fait droit aux réclamations des créanciers inscrits, est traité cependant avec autant de faveur que celui qui a désintéressé volontairement tout ou partie des créanciers.

Si la subrogation n'existe pas le plus souvent, on peut, néanmoins, supposer des cas où le tiers détenteur a droit à ce bénéfice, même lorsqu'il ne conserve pas l'immeuble à la suite de l'action hypothécaire.

Par exemple, il en est ainsi toutes les fois que le tiers détenteur, touché par la sommation de payer ou de délaisser, emploie la totalité de son prix à rembourser dans leur ordre les créances inscrites, et que les créanciers de dernier rang, impayés, saisissent et font vendre.

L'évincé est alors subrogé aux droits des créanciers désintéressés, non seulement contre le débiteur principal, mais d'une façon générale contre tous ceux qui sont soumis, envers ces créanciers, à un recours en garantie ou en indemnité à raison de leur créance.

Toutefois, cette substitution est sujette à certaines restrictions :

1° Elle ne permet au tiers détenteur d'exercer les droits et actions du créancier que jusqu'à concurrence de la somme déboursée.

Si le créancier avait fait une remise partielle de la dette, le subrogé n'a donc de recours qu'eu égard à ce qu'il a véritablement payé pour la libération du débiteur.

2° L'évincé ne peut recourir contre les autres tiers détenteurs d'immeubles hypothéqués que dans la mesure comparative de la valeur de leurs immeubles et du sien (Arg. art. 875, 1213, 1214, 1° et 2033 C. C.).

Si l'immeuble du tiers évincé qui use du bénéfice de subrogation avait une valeur de 50 et que la valeur de chacun des autres immeubles appartenant à deux autres tiers détenteurs fût de 25, il en résulte que l'évincé garantissait la créance dans la proportion de moitié, et les deux autres chacun dans la proportion d'un quart.

Le subrogé ne pourra recourir contre les tiers détenteurs que pour moitié de ce qu'il a déboursé, et à raison d'un quart contre chacun.

Cette solution paraît porter atteinte au principe de l'indivisibilité de l'hypothèque : *tota est in toto et tota in qualibet parte toti.*

Mais il faut prendre garde que si cette indivisibilité existe dans les rapports du créancier avec les débiteurs hypothécaires, elle n'existe pas pour le recours des débiteurs entre-eux.

3° Le subrogé ne peut poursuivre la caution, encore que l'hypothèque ait été établie postérieurement au cautionnement (arg. 2037 C. C.).

Le tiers acquéreur d'un immeuble hypothéqué qui paie le prix de son acquisition sans recourir aux formalités de la purge commet une imprudence, dont il doit supporter les conséquences sans pouvoir s'en rédimer au détriment de la caution (1). La caution qui a été forcée de payer n'a rien à se reprocher.

4° Enfin le subrogé ne peut se prévaloir du bénéfice de la subrogation au détriment du subrogeant : *nemo censetur subrogasse contra se.*

C'est ce que nous dit l'article 1252 C. C. :

» La subrogation ne peut nuire au créancier lorsqu'il
» n'a été payé qu'en partie : en ce cas il peut exercer
» ses droits, pour ce qui lui reste dû, par préférence
» à celui dont il n'a reçu qu'un paiement partiel ».

Du cas où le détenteur est une caution réelle

Lorsque le détenteur est une caution réelle, c'est-à-dire une personne qui a affecté un de ses immeubles à la garantie de la dette d'autrui, la subrogation produit des effets particuliers si on suppose que la créance est également garantie par une autre caution.

A. S'agit-il d'une caution personnelle et d'une caution réelle, la caution réelle subrogée aux droits du créancier ne pourra recourir contre le fidejusseur que

_____

(1) Tout .au contraire la caution se trouve utilement subrogée aux droits du débiteur principal contre le tiers détenteur si elle a payé la dette garantie par l'hypothèque.

Le motif de cette faveur est surtout évident lorsque l'hypothèque a été constituée avant ou en même temps que le cautionnement. La caution a pu, en effet, prévoir pour garantie de son engagement personnel, la subrogation aux droits du créancier contre le débiteur principal (Aubry et Rau, t. 4 § 321, p. 188).

jusqu'à concurrence de la moitié de la somme payée au créancier (1).

On suppose, en effet, théoriquement, que la valeur de la garantie accordée par l'une et l'autre caution est suffisante pour éteindre la dette entière. Si l'une paie toute la dette, elle pourra donc recourir contre l'autre, dans la mesure comparative de la garantie fournie, c'est-à-dire, pour la moitié (2).

B. S'agit-il de deux cautions réelles, la caution réelle subrogée ne pourra exercer de recours contre l'autre caution réelle, que dans la mesure comparative de la valeur des immeubles hypothéqués par chacune d'elles.

Ce ne sont pas là les seules particularités de l'hypothèse où le détenteur de l'immeuble hypothéqué est une caution réelle :

Ce détenteur ne peut purger, car il est tenu au paiement de la dette ; il ne peut donc être évincé que par saisie, jamais par surenchère du dixième.

Par contre, il peut, comme la caution personnelle, invoquer l'exception *cedendarum actionum* qui ne compète pas au tiers détenteur.

Si la caution réelle est expropriée, le recours en indemnité, qui lui appartient contre le débiteur principal, diffère essentiellement du recours en garantie de

_____

(1) Les effets seraient les mêmes, mais renversés, si la subrogation s'opérait au profit de la caution personnelle.
Aubry et Rau, t. 4 p. 189 notes 84, 85.

(2) Toutefois la caution ne peut recourir contre le débiteur hypothécaire que jusqu'à concurrence de la moitié de la valeur des immeubles hypothéqués, jamais au-delà.

l'article 2178. Il est d'une nature analogue au recours de la caution personnelle contre le débiteur principal.

Enfin la caution réelle qui a payé peut recourir contre les tiers, détenteurs d'immeubles hypothéqués à la sûreté de la même dette, pour tout ce qu'elle a déboursé.

Les tiers détenteurs, au contraire, n'ont de recours entre eux que dans la mesure comparative de la valeur de leurs immeubles. Celui qui a payé ne peut donc réclamer aux autres détenteurs, la dette qu'il a acquittée, que déduction faite de la part pour laquelle son propre immeuble doit y contribuer.

POSITIONS

DROIT ROMAIN

I. — L'affectation hypothécaire dans le *pignus nominis*, consiste dans une cession *sui generis* (pages 17, 25, 28 à 38 de la thèse.)

II. — Si parmi plusieurs créanciers qui ont hypothéque sur la même créance, c'est le dernier en date qui a le premier dénoncé le transport au débiteur cédé, les conflits qui s'élèveront entre les créanciers restent, néanmoins, soumis à la règle : *prior tempore, potior jure* (p. 71 et 72 de la thèse.)

III. — Le simple pacte engendre une obligation naturelle.

IV. — Quand des hypothèques générales ont été constituées à des dates différentes, leur rang sur les biens futurs se détermine par la date de leur constitution.

V. — L'antinomie apparente entre la Loi 2 D. Liv. 43, Tit. 33, sur l'interdit Salvien et la Loi 10 D.

Liv. 20, Tit. 1, sur l'action Servienne, s'explique par
ce fait, que cette dernière loi a été adaptée à tort, par
les compilateurs du Digeste à l'action Servienne, alors
qu'Ulpien l'avait écrite pour l'interdit Salvien.

DROIT CIVIL

I. — L'adjudication sur surenchère du dixième,
dans la purge, n'opère pas une résolution rétroactive
des droits du tiers détenteur (p. 97 à 117 de la thèse.)

II. — Il n'y a pas à distinguer pour les impenses
dont le tiers détenteur évincé peut exiger la restitution
(art. 2175 C. C.) entre les dépenses nécessaires qui
seraient remboursables pour le tout, sans égard à la
plus-value, et les dépenses utiles qui ne seraient remboursables que dans la limite de la plus value (p. 127
à 131 de la thèse.)

III. — On ne saurait prétendre que les droits du
tiers surenchéri, dans la purge, à la propriété des
fruits produits entre l'acquisition volontaire et l'expropriation sur surenchère du dixiéme, s'expliquent soit
par la possession de bonne foi, soit par la rescision pour
cause de vileté du prix, soit enfin par la nécessité
qu'il y aurait à accorder ces fruits au tiers surenchéri,
en compensation de la responsabilité qui met à sa
charge la perte et les détériorations de l'immeuble
(p. 150 de la thèse.)

. IV. — L'article 2188 du Code Civil, sur la restitution des frais et loyaux coûts du contrat. s'applique au tiers détenteur évincé par une adjudication sur surenchère, mais non au tiers détenteur évincé à la suite d'une adjudication sur saisie (p. 186 de la thèse.)

V. — L'adjudication sur surenchère du dixième prononcée sur le tiers détenteur opère deux purges, celle des hypothèques inscrites du chef du surenchèri et celle des hypothèques inscrites du chef du précédent propriétaire (p. 161 à 163 de la thèse.)

VI. — Le tiers détenteur d'un immeuble hypothéqué ne peut pas repousser les poursuites du créancier sous prétexte que celui-ci a rendu la subrogation inefficace.

VII. — Quand une personne est blessée par suite d'un accident survenu en chemin de fer, la responsabilité du transporteur est une responsabilité contractuelle, et non une responsabilité délictuelle à laquelle s'applique l'article 1382 C. C.

DROIT CONSTITUTIONNEL

I. — Le Sénat ne peut modifier par voie d'amendement le projet de budget renvoyé par la Chambre des Députés.

II. — Le régime représentatif est meilleur avec deux chambres qu'avec une chambre unique.

DROIT INTERNATIONAL

I. — Malgré le changement de nationalité d'un mari français, le mariage reste soumis à la loi française.

II. — Un anglais commerçant et marié en France devant son consul, conformément à la loi anglaise, ne doit pas publier en France son contrat de mariage, alors que sa loi nationale ne l'y oblige pas.

DROIT COMMERCIAL

Les prescriptions de la Loi du 24 juillet 1867, relatives à la souscription intégrale du capital social dans les sociétés par actions, au versement du quart, à l'approbation des apports en nature et des versements particuliers, doivent être observées, lorsqu'il y a augmentation du capital social pendant le cours de la société, au moyen de l'émission d'actions nouvelles.

DROIT INDUSTRIEL

I. — La loi du 21 avril 1810 sur les mines, s'inspire de l'idée d'accession.

II. — L'article 12 de la loi du 21 avril 1810 qui interdit les recherches dans un terrain déjà concédé, doit recevoir son application d'abord en ce qui concerne le superficiaire lui-même, et, ensuite, en ce qui concerne toutes substances, même celles qui ne seraient pas comprises dans la concession déjà accordée.

Vu : Lille, le 5 juillet 1890.

Le Président de la Thèse,

LOUIS VALLAS.

Vu : le 5 juillet 1890.

Le Doyen de la Faculté,
Chevalier de la Légion d'honneur

E. DRUMEL.

Vu et permis d'imprimer à Lille, le 5 juillet 1890.

Pour le Recteur, absent,
L'Inspecteur d'Académie délégué,

ÉT. GAUDIER.

TABLE DES MATIÈRES

DROIT ROMAIN

DU PIGNUS NOMINIS

DROIT FRANÇAIS

DE L'ÉVICTION

PAR L'EFFET DE L'ACTION HYPOTHÉCAIRE

LILLE, IMPRIMERIE A. MASSART, RUE DES PRÊTRES, 12

www.ingramcontent.com/pod-product-compliance
Lightning Source LLC
Chambersburg PA
CBHW072308210326
41519CB00057B/3065